戦国おもてなし時代

信長・秀吉の接待術

金子拓

淡交社

目次

初出一覧

第一章、第二章五・六・七、第三章九・十・十一、第四章：『なごみ』2016年1月号〜12月号「おもてなしの戦国史」

第三章十二：岐阜市信長学ホームページ（2010年8月）に発表後、『歴史REAL』2号（洋泉社、2011年3月）に再録。

第二章八、第三章十三：新稿

※既発表のものについてはそれぞれ加筆修正をおこなった。

はじめに

いままであたりまえと思ってやっていたことが、世間一般の常識とは異なることを知ったときほど、衝撃を受けることはない。

卑近な話で恐縮だが、たとえばわたしが生まれ育った山形では、①・(1)を「イチマル」「イチカッコ」のように言っていた。ところが仙台の大学に入って、それは「マルイチ」「カッコイチ」と唱えるべきであり、「イチマル」のような妙な言い方をするのは山形だけだと嗤《わら》われたとき、しばらく呆然として我を失った。

うどんや冷麦をゆで、冷やさず温かいままにし、納豆を入れたつけ汁でいただく「ひっぱりうどん」が山形独自の食べ方であることを知り、それを仙台の居酒屋のお品書きに見つけたときも驚いたが、このときは、山形以外の人がこの絶妙な組み合わせの家庭料理と無縁であることに、深い憐れみをおぼえた。

ことほどさように、生活習慣などの差異を知るのは、ふだん自分たちが暮らしているのとは異なる社会に身を置いたり、異国からやってきた人と接したりしたときである。

十六世紀の日本にやってきたキリスト教宣教師ルイス・フロイスは、日本のおもてなしの特徴について、こんなことを書いている。

われわれの間では招待を受けたものが招待したものに礼を述べる。日本では招待したものが招待されたものに礼を述べる。(『日欧文化比較』第六章)

もてなしの席にやってきたフロイスが、招きを受けた礼を述べようとしたら、逆に招待した亭主から、来てくれてありがとうと言われた。そのときのフロイスの戸惑い顔が目に浮かぶようである。

『日欧文化比較』(岩波文庫版は『ヨーロッパ文化と日本文化』)の訳注に、「対照のための誇張もあるが、茶席の作法について述べたものと思われる」と添えられている。フロイスがわが国を訪れた十六世紀は茶の湯が花開き、そこでの作法、相手をもてなし、もてなされるさいのふるまいが一気に洗練の度を増した時代でもあった。

右のフロイスの日欧比較に見られるような、日本社会におけるおもてなしの特色は、様々なかたちで現代にも受け継がれ、日本にやってくる外国人を驚かせる。

このような〝おもてなし社会〟の様子が、多様な史料に生き生きとあらわれてくるのが、フロイスが生きた十六世紀頃、日本では室町時代から戦国時代を経て、織田信長・豊臣秀吉が権力を握った時代である。日本の十六世紀を〝おもてなしの時代〟と呼ぶことができるのではないか。

これから右の問いについて、この時代のおもてなしはどのような時と場所、人間によってなされていたのか、という切り口から、様々な史料をもとに考えてみようと思う。

本書で取りあげる魅力的な史料を通し、先人たちによるおもてなしの風景を肌で感じてもらいたい。

第一章 戦国時代のおもてなしとは

一

おもてなしを史料に探る

戦国におもてなしの精神を見る

二〇二〇年夏季オリンピック・パラリンピックの開催地は東京である。これが決まった二〇一三年九月のＩＯＣ総会における日本招致委員会のプレゼンテーションにて、滝川クリステルさん（招致アンバサダー）が口にした美しいフランス語のなかに身ぶりをまじえながら魔法のように仕掛けたひとつの日本語が強烈な印象をあたえ、話題になった。「おもてなし」である。結果的に開催地に選ばれたこともあって、このときの映像がくりかえしテレビで放映され、身ぶりとあわせてこの年の流行語にもなったのは記憶に新しい。

滝川クリステルさんのスピーチは次のようなものである。

東京は皆さまをユニークにお迎えいたします。
日本語ではそれを「おもてなし」という言葉で表現いたします。
それは、見返りを求めないホスピタリティの精神。それは先祖代々受け継がれながら、現代の日本の文化にも深く根付いています。

（東京オリンピック・パラリンピック競技大会組織委員会ホームページ）

このスピーチは、日本をよく知る海外の人を深くうなずかせ、日本をまったく知らない海外の人に日本に対する関心をかき立てただけでなく、わたしたち日本人自身にとっても、わが国の文化的な伝統や美徳を再認識するきっかけをあたえてくれた。だからこそ浸透したのだろう。けれどもよく考えてみれば、外からやってくる人を温かくもてなす（歓待する）のは世界共通であるはずだ。それでは、わが国独特の「先祖代々受け継がれ」た「見返りを求めないホスピタリティの精神」はいかにして培われてきたのだろうか。これから本書で考えてゆきたいのはこの点である。「おもてなしの歴史」をたどってみたい。

もっともそれだとあまりに課題が大きすぎる。対象とする時代を絞り、そこを深く掘り下げてみよう。日本の中世と近世を橋渡しする戦国時代（十六世紀頃）を中心におもてなしの風景を見てゆきたいと思う。

こう考えたのには理由がある。戦国時代になると、おもてなしの風景を知るための史料が飛躍的に増え、多様化するのである。

古文書や個人の日記をはじめ、おもてなしの様子を後代に残すための記録、おもてなしに要した経費を記した会計帳簿など、戦国時代の日本人が、いかに他者をもてなしてきたのかを知るための史料には事欠かない。

しかも、この時代に海外から日本にやってきた外国人（たとえばイエズス会宣教師）が多くの記録を残し、そのなかに日本人によるもてなしが驚きの目をもって記されている。外国人という第三者のまなざしが戦国時代の史料のなかにくわわるのである。

戦国時代に現代日本のおもてなしの源流を探ってゆく、というのは多少大げさだが、戦国時代のおもてなしの様子を知ることで、「現代の日本の文化にも深く根付いてい」るおもてなしの精神をたしかめてみたい。

「もてなし」と「ふるまい」

おもてなしとひと口に言っても、大きくふたつの場面がある。やってきた客に贈る引出物《ひきでもの》、つまり贈答の場面がひとつ。客を迎えるために開く饗応《きょうおう》、つまり宴《うたげ》の場面がもうひとつ。まずしばらくは、宴を中心とした饗応のほうに注目してゆくことにする。

ここまで書いてきていまさらのようだが、戦国時代の史料に「（お）もてなし」ということばはさほど頻繁にあらわれないように思う。むしろ饗応の場面でよく使われるのは、「ふるまい」（振舞）である。この時期のイエズス会宣教師によって編まれたポルトガル語による日本語辞書である『日葡《にっぽ》辞書』では、ふたつのことばは次のように解説されている（土井忠生・森田武・長南実編訳『邦訳日葡辞書』岩波書店）。

もてなす：人を招待などしたりして、手あつく待遇する
もてなし：手あつい待遇、あるいは、丁重な取り扱い
ふるまう：宴会を催す、あるいは、ご馳走する
ふるまい：招宴

この語釈によれば、客に対する手厚い待遇全般を意味する「もてなし」のなかで、宴会・ご馳走といった部分が「ふるまい」に該当するのである。だからこれからは、もっぱらおもてなしのなかでも「ふるまい」の様子を史料にもとづいて考えてみることになる。

伝統をつなぐ「御成記」

さて、戦国時代の宴の様子を考えるとき、まず注目したいのは、「御成記《おなりき》」および「茶会《ちゃかい》記《き》」と呼ばれた一群の記録である。これらは室町時代後半（十五世紀半ば頃）から戦国時代にかけて登場し、多く作成されるようになる。つまりそれぞれ戦国時代の時代相の一面を特徴的にあらわす史料だということができよう。「御成記」「茶会記」ともあまり耳慣れないことばかもしれないが、これからこのふたつの史料群にはたびたびお世話になるから、ここで少し立ち入って見てゆきたい。

「御成記」の「御成」とは、政治権力者が日常的に居住する空間の外に出て、特定の寺社や家臣の邸宅などにおもむく行為を指す。頻繁にあったわけではないから、こうした行為は前近代社会においては儀礼性を帯び、移動先では饗宴がもよおされた。室町時代後半頃から登場するので、その頃の御成の主体たる政治権力者とは、室町幕府将軍もしくは将軍家の家長にあたる室町殿である。

室町殿の御成には、「常《つね》の御成」と「式正《しきしょう》の御成」の二種類があって、「御成記」に記録されたような大がかりな御成は後者の「式正の御成」にあたる。式正とは、「正しい儀式。正式。また、本式で立派なさま」(『日本国語大辞典 第二版』小学館)という意味で、特別な機会におこなわれるハレの儀式であった。

「御成記」には、この儀式における引出物(迎える側がやってくる側に贈る礼物《れいもつ》)、宴会における献立、客を迎える空間の装飾、もよおされた能の番組などが記されている。時期によって構成に変化があるが、戦国時代から豊臣秀吉の時代に至ってその内容が右のような形式にほぼ固まった。これを読むと、その時代の最高権力者が宴会でいかなるものを飲み食いし、いかなるおもてなしを受けていたのかがよくわかる。

「御成記」が作られ出す時期は、室町幕府の権力基盤が動揺し、戦国の世への突入を告げる応仁の乱(一四六七~七七)直前、将軍権力が衰えを見せはじめていた頃である。御成というのは、上の者が身分的に下位の者のところにおもむく(下位の者が上位の者を招く)といった、基本的

足利将軍若宮八幡宮参詣絵巻（部分）　若宮八幡宮所蔵　室町幕府将軍が若宮八幡宮に参詣する場面。御成のときもこのような行列をなして移動したものと思われる。

に身分の上下関係（もしくは主従関係）を確認するための儀礼でもあるから、「御成記」の作成には、低下しつつあった権力を、儀礼的な権威によって裏打ちし、この関係を維持しようという意図がある。

かくして先例が蓄積され、伝統が再生産されてゆく。権力衰退が伝統の形成とその強化につながるのは皮肉である。

伝統を変奏する「茶会記」

いっぽうの「茶会記」は、確認されているもっとも古い『松屋会記』が、

十六世紀前半の天文年間（一五三二〜一五五五）に成立しているので、「御成記」にやや遅れて登場するといえる（茶の湯自体は室町時代の十五世紀後半頃に成立したとされる）。

その名前のとおり茶事（茶会）の記録であり、大きく自会記と他会記の二種に分けられる。自会記とはみずからが主催した茶会の記録であり、他会記は招かれておもむいた他者主催の茶会の記録である。いずれも茶会に参じた人、そのときの道具飾り、供された料理の献立などが記される。

茶会においてどのような茶道具が使

われ、座敷にどのような飾り立てがなされたのかといった茶会の様子を知るうえで、「茶会記」自体は茶の湯の世界では説明するまでもない有名な史料であるが、おもてなしという観点からこの史料を眺めても、たいへん興味深い情報を提供してくれる。自会記はもてなした側（亭主）がどのようにもてなしたかを記したもの、他会記はどのようにもてなされたかを記したものとみなせるからだ。

「茶会記」が歴史学の素材になることは、約四十年前に日本史家・永島福太郎《ながしまふくたろう》氏が強調したところである（『中世文化人の記録　茶会記の世界』淡交社）。本書でもこの永島氏の視点を継承し、「茶会記」をもっぱらおもてなし・宴の歴史を見るうえで重要な記録として注目してゆくことになる。

さてここまで紹介してきた「御成記」と「茶会記」という二種の史料を並べると、実は両者はその記録された目的が微妙に違う方向を向いているものであることに気づく。

前者は先にも述べたように、そこに記された内容を固守して再現し、旧来の儀礼から逸脱しないように参照される故実書であるのに対し、後者、とりわけ自会記のほうは、おなじ人物におなじ道具立てでもてなすことをできるかぎり避け、茶会を工夫してゆく（伝統を変奏してゆく）

ための手控えとして残されたという目的があるのである。

かたや伝統をかたくなに守るため。かたや伝統を基本にしつつも、単純な反復を避け、少しずつ工夫をくわえて伝統を作り変えてゆくため。このような異なる性格をもった二種の史料は、戦国時代を中心としたおもてなしの様子を見ようとするときに、豊かな味わいを提供してくれる。

くりかえしになるが、日本の戦国時代とは、こうしたおもてなしの様子を事細かに記録した特徴的な史料がいくつも出現した時代であった。そう考えると、戦国時代を〝おもてなしの時代〟と称してさしつかえないのではないかという気がしてくるのだが、ここは結論を急がず、しばらく戦国時代のおもてなし風景を眺めてゆくことにしよう。

二

おもてなしの場での飲み方と食べ方

武家故実の成立

「御成記《おなりき》」や「茶会記《ちゃかいき》」の世界に分け入ってゆく前に、戦国時代の人びとが、おもてなし（饗宴《きょうえん》）の場においてどのように飲み食いしていたのかをのぞいてみることにしたい。

室町時代の武家社会のなかで、合戦《かっせん》の場における武具の使い方やふるまい方、身分に応じた御所内の所作、手紙の書き方をはじめとした礼法（礼儀作法）が事細《ことこま》かに定められ、確立した。それらを記録した「（武家）故実書」がととのえられ、そこに書かれたような作法は、伊勢流・小笠原流礼法などとして現在も受け継がれている。

武家故実研究の泰斗《たいと》である日本史家・二木謙一《ふたきけんいち》氏は、その著書『中世武家の作法』（吉川弘文館）

のなかで、「室町幕府における身分格式による種々の規定や諸儀礼は、幕府支配体制の根幹をなし、武家社会の秩序維持にも重要な意義をもっていた」と指摘している。二木氏が懇切に解説しているハレの場（たとえば「式正《しきしょう》の御成」）における饗宴などでの膳の種類や献立、盃《さかずき》・銚子などの酒器のありようについては、いずれ触れる機会もあろうから、ここではより具体的な「飲み方」「食べ方」の局面に焦点を合わせてみたい。

二木氏が「武家社会において、酒は重要な意義を有していた。祝事には酒がつきものであったし、主人・貴人より盃を賜わることは名誉とされた」と述べるように、おもてなしの場に酒はなくてはならないものだった。

宣教師ロドリーゲスの記録した日本のおもてなし

織田信長の時代に日本にやってきて、イエズス会の宣教師として日本語で説教をおこない、また有能な通事《つうじ》（通訳）として豊臣秀吉や徳川家康とも接したことがあるポルトガル人ジョアン・ロドリーゲスに、『日本教会史』という興味深い著作がある（邦訳は『大航海時代叢書』九・十所収、岩波書店）。徳川の世になり、キリスト教への風あたりが強くなってきた頃、ある貿易上の事件により疑惑を蒙《こうむ》ったロドリーゲスは、日本からマカオに退去することを余儀なくされた。慶長十五年（一六一〇）のことだという。

マカオに移ったロドリーゲスは数十年の日本滞在によって得た知識をもとに、日本語のすぐれた解説書『日本大文典』『日本小文典』を著した。そして、「正確で真実なことを見たり知っていたりする者が次第に死んでいく」という危機意識のもと執筆されたのが、『日本教会史』である。元和八年（一六二二）頃には書かれていたのではないかとされている。ロドリーゲス、このとき五十九歳。

「日本国のことと習慣とについては、すでに大部分を正確に記述した」（以上の引用は『大航海時代叢書』九の解説より）という自負は、この本を読むとよくわかる。生活文化という面に絞っても、建物の構造から衣服、訪問、贈答、宴会、茶会など細部にわたってそのしきたりを記してあり、読んでいて興趣《きょうしゅ》が尽きないのである。その意味では、戦国時代から江戸時代初期における日本社会を知るための外国人の著作として、おなじイエズス会宣教師であるルイス・フロイスが著した『日本史』（以下同書を『フロイス日本史』と表記する）と比肩する重要な記録だと言ってよい。本書でもこれからたびたび彼らの記録にお世話になるだろう。

さて、ロドリーゲスは日本における「客人に酒を勧める普通一般の儀礼」を「客人がどんな身分の者であろうとも、その客人を尊敬し厚遇するために行なう礼法中の主要で最も重大なもの」(『日本教会史』第二十六章)と位置づけている。客人歓待(おもてなし)の場での酒の重要性は、先に紹介した二木氏の指摘に通じるものである。

日本人の宴会での飲み方

おもてなしの場における日本人の酒の飲み方について、ロドリーゲスが驚き呆れながら書き記していることがある。

すべての宴会、遊興、娯楽は、さまざまの方法で度がすぎる程酒を強いるように仕組まれており、そのため酩酊《めいてい》し、多くの者が完全に前後不覚になってしまう。(中略)その宴会を開いてくれた家の主人に敬意と好意を示し、自分らへの接待を喜ぶ気持を表わそうとして、生来飲めない者までも飲もうと努める。(同書第二十六章)

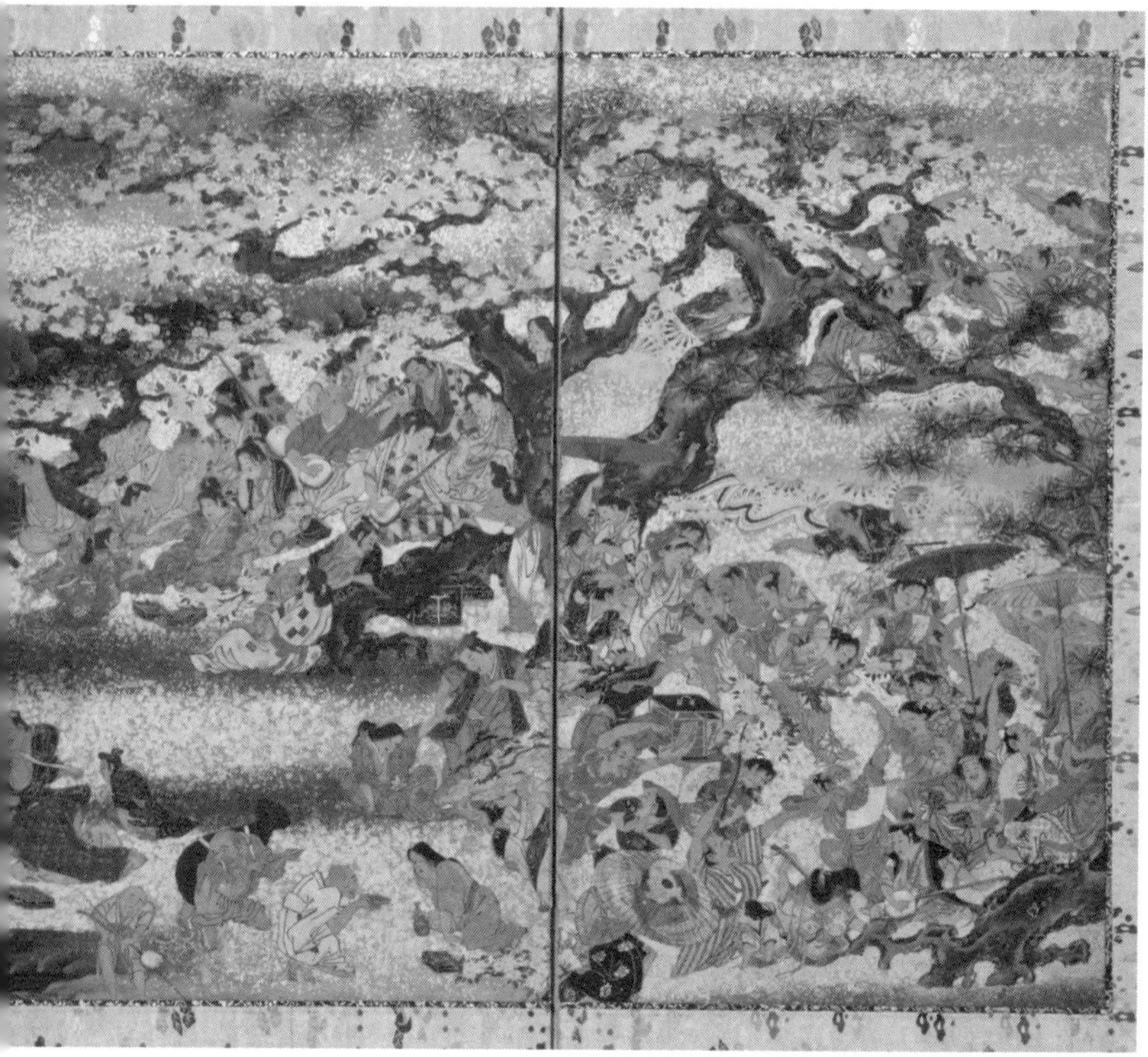

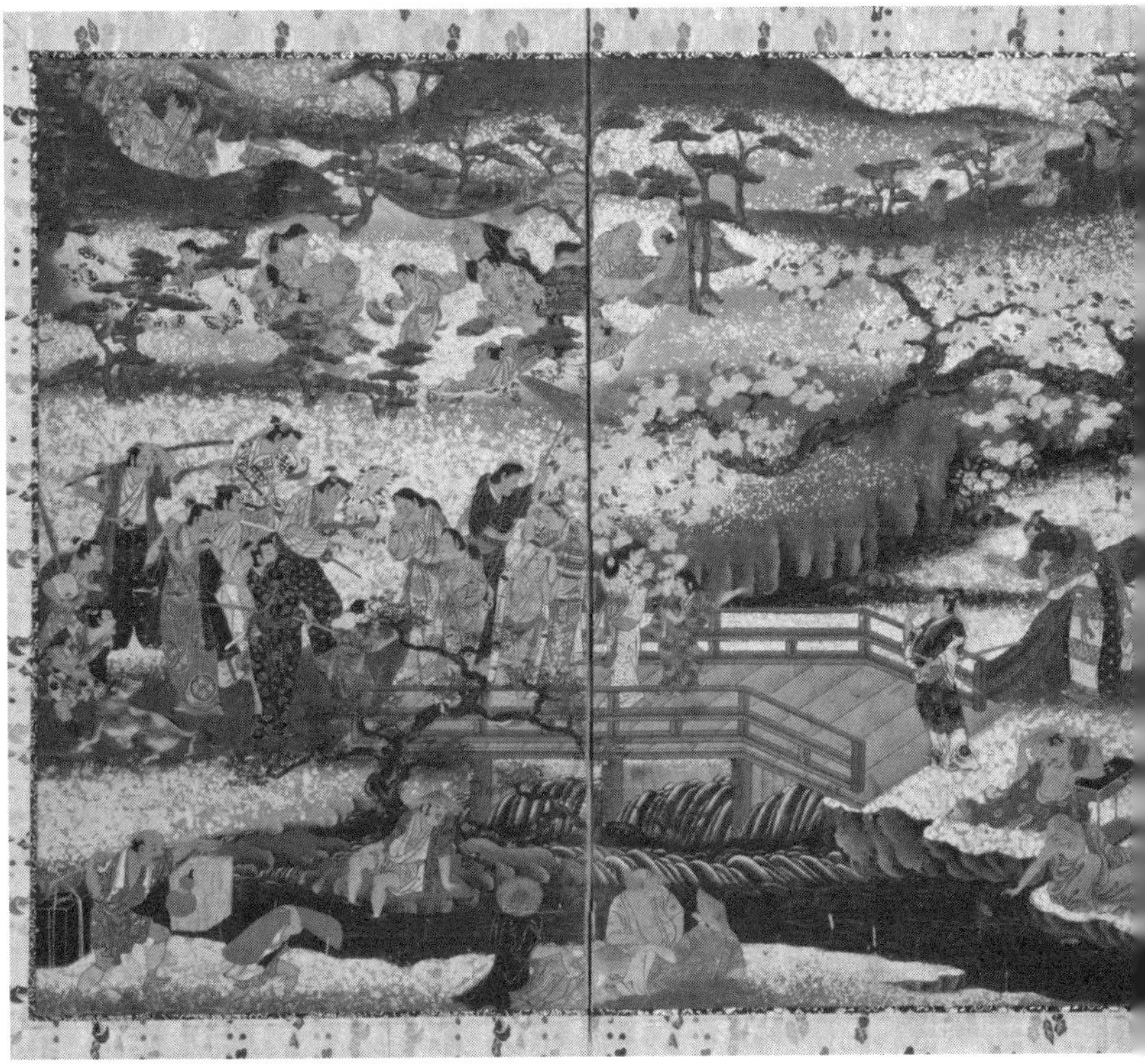

花見遊楽図屛風　江戸時代初期　個人蔵　画像提供＝福井県立美術館　2017年に福井県立美術館において開催された岩佐又兵衛展で久しぶりに公開された又兵衛筆になる風俗図の名品。第一扇・第二扇あたりに酒に酔って浮かれ騒ぐ人びとが多く描かれ、さながら酔態百種の様相を呈している。

主人のもてなしの気持ちが強ければ、もてなされる側もこれに応えなければなるまい。酒はもてなしの主役であるから、無理をしてでも、たとえ酒が弱くても、飲むのである。いっぽうで場を盛り上げるための座興で遊戯的な飲み方をして無理をしたり、現代でいうアルコール・ハラスメントまがいの飲酒の強要もあったかもしれない。

二木氏は、『宗五大草紙《そうごおおぞうし》』という室町幕府に仕えた伊勢流故実家・伊勢貞頼《さだより》が著した故実書を紹介し、そこに書かれている酒の飲み方に触れている。それによれば、「十度呑《のみ》」「鶯呑《うぐいす》」と呼ばれる飲み方があったという。前者は十人が車座になって酒を順繰りに飲んで隣の人に注いでゆくまわし飲み、後者は十杯の酒を飲む早さを競う飲み方なのだそうだ。これでは、おもてなし社会のなかで下戸《げこ》の人が生きてゆくのはなかなかむずかしい。

度を過ぎた飲酒の果て

ここでひとつ思い出した。戦国時代の公家の日記を読んでいると、よく「沈酔《ちんすい》」の語を目にすることである。要は泥酔《でいすい》を指す。年中恒例の儀式に酒はつきものであるうえ、日記を読むと、公家としての政務の合間に、手みやげの酒肴《しゅこう》を携《たずさ》え、毎日のように親しい公家や僧侶らの家を訪れ、また逆に彼らを私邸に招き、「一盞《さん》の儀」を愉しんでいる。もっとも戦国時代の朝廷儀式はすたれつつあったから、むしろこちらの「飲み」こそ彼らの仕事だったのかもしれない。

ここで取りあげるのは、この時期に日記を残した公家の一人、中御門宣教《なかみかどのぶのり》という人物である。彼は天文十二年（一五四三）に生まれた。中御門家は朝廷では「名家《めいか》」という家格に属し、代々実務的な官職についた中流公家である。宣教の日記（『宣教卿記』）は何年分か残っているが、とくに信長が「天下人」の立場になって勢威をもった天正三・四年（一五七五・七六）の日記が注目される。このとき彼は正五位下右中弁《うちゅうべん》という職にあり、上層の公家たちの連絡調整役、京都と奈良の連絡役、信長配下の京都代官・村井貞勝への対応など、様々な仕事をこなしていた。

その彼の日記に「沈酔」の語がしばしば見られることが、少し気にかかっていたのである。この機会に調べてみたところ、多い月で天正三年五月にはひと月に八度「沈酔」の語が登場し、そのうち翌日の日記冒頭に「夜酔散々の事なり」と記されたものが二度ある（次頁図版）。「夜酔」とは余酔《よすい》のことで、「酔いがまだ残っていること」（『日本国語大辞典 第二版』小学館）、すなわち二日酔いを意味する。

翌天正四年二月も「沈酔」することが多く、それが七度、ほかに「大酒」が一度、明けての「夜

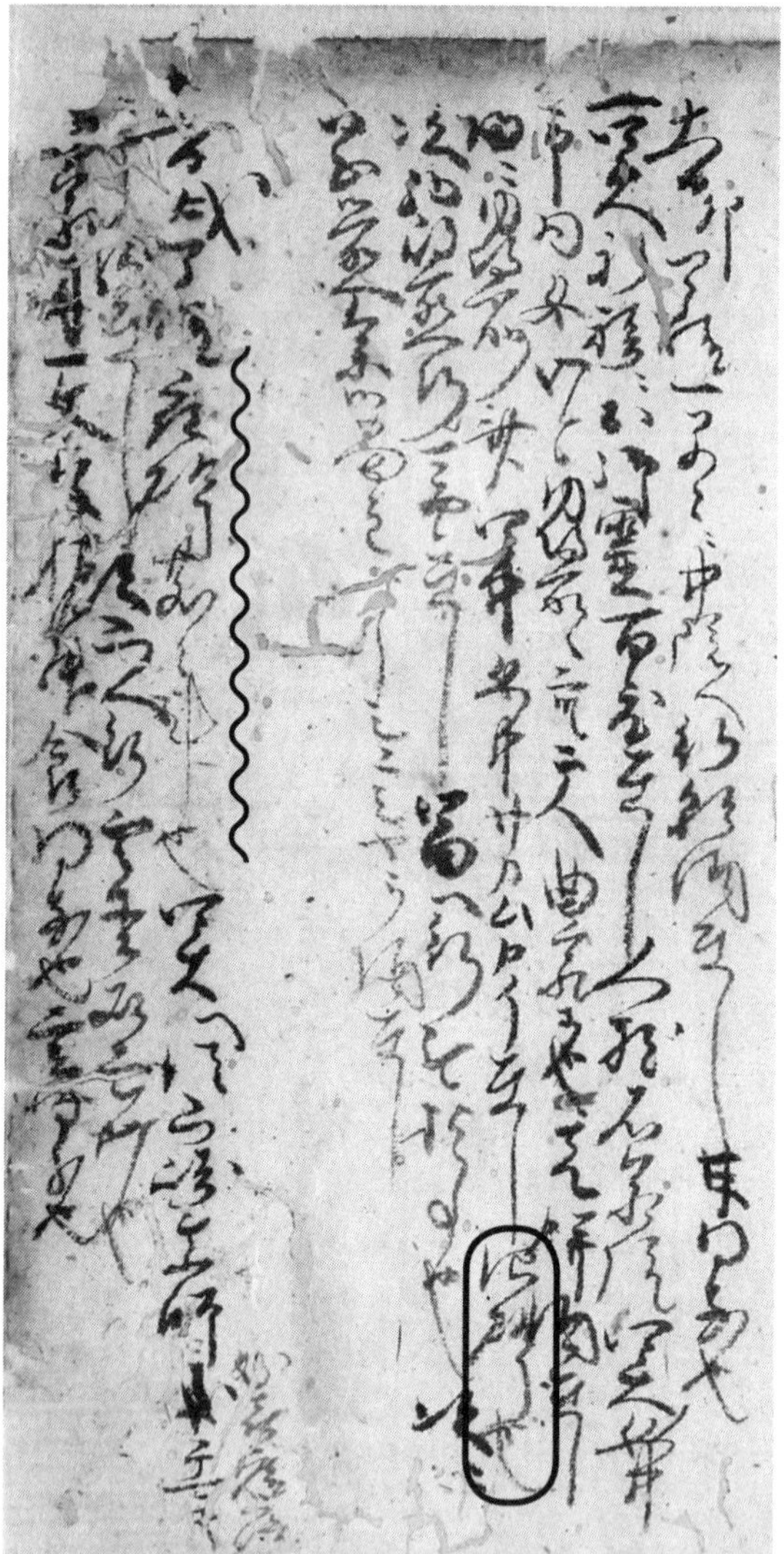

『宣教卿記』 早稲田大学図書館所蔵 自筆原本。天正3年5月11・12日条。11日条の4行目下方（囲み）に「沈酔也」、12日条冒頭（波線）に「夜酔散々事也」と記されている。

酔散々」が二度ある。たいがいは他家へ出向いて（つまりもてなしを受けて）飲んでのことであり、右で触れた月以外にも、月に一、二度は「沈酔」するまで飲んでいる。

実は、宣教は天正六年に三十六歳で亡くなってしまうのである（死因は不明）。いくらいまと違い寿命が短い時代だったとはいえ、早死にだろう。宣教がここまで毎日のように「前後不覚」（日記の表現では「正体なし」）になるまで飲んだのは、上流公家や信長ら武家政権とのあいだで板挟みになりながらあくせく働いた気苦労があったからだろうと、気の毒に思っていた。

しかしロドリーゲスの証言を知ったいまでは、宣教は酒が強い体質ではなかったのかもしれないとも思っている。当時の宴会の作法では、飲まないことはありえない。あるいはこの無理がたたって彼の寿命を縮めたのか。もてなしを受けるのもひと苦労である。

汁かけ飯こそ最高の……

酔いが残ると食欲もなくなる。散々飲んだあとや、その翌日など、さらさらと食べられ、胃に収まるお茶漬けが好まれる。もっともわたしたち日本人はお茶漬けにかぎらず、ご飯に汁気のあるものをかけて食べることが大好きである。カレーライスが代表的であろうし、牛丼や玉子かけご飯などもそのたぐいだろう。このあたりの好みについて話せばきりがなくなる。現代における汁かけ飯好き日本人の食文化については、文筆家・遠藤哲夫氏の『汁かけめし快食學』（ちくま文庫）をひとまずお読み願いたい。

この一見下品と忌避されかねない汁かけ飯だが、実は室町時代のおもてなしの場ではごくあたりまえに食されていたのである。先の『宗五大草紙』にも「武家にては必ず飯わんに汁をかけ候」とあることを二木氏が紹介している。考えてみればたしかに、日本にはご飯に水をかけて食べる「水飯《すいはん》」や、お湯をかけて食べる「湯漬《ゆづけ》」（小漬）の食文化がある。それぞれ『源氏物語』や『枕草子』といった平安時代の古典文学作品にも登場するなど、古くから親しまれてきたのだ。

さらにこの食べ方がおもてなしのなかでも最高級に位置するものであったと言えば、驚かれるだろうか。前出のロドリーゲス『日本教会史』には次のようにある。

酒と肴 sacana で客人を厚くもてなす一般の礼法においては、すでに述べた以外に、客人にさらに厚遇する心持を表わしたければ、添い物 soymono といい、魚か肉の入った一種

の汁を出すのが習慣である。（第二十六章）

食事の締めには、わたしたちがお茶漬けを食べるかのように、「大きな食台から野菜で作った汁 xiro（xiru）という汁物《カルド》を少し取り、また、別の食台からは鶴、白鳥、鴨などのようにたいへん珍重される物で作った汁物を少し取って、まだ椀の中に残っている飯の上にそれを掛け、それをすっかり混ぜて」（同書第三十一章）食すのが作法だという。さほどおいしさが凝縮された描写でもないのに、この部分を書き写すだけでも食欲がそそられてきたのは、わたしも〝汁かけ飯〟党だからだろうか。

数年後日本を訪れることになるであろう多くの外国人たちを、何でもてなせばよいのだろうか。彼らに好まれる日本食の第一位は、言うまでもなく寿司である。食材や調理法が健康的だという理由も大きいのだろうが、いまさら有名な料理を出しても面白味がない。このさい、歴史的に最高級のおもてなし料理のひとつなのだという触れこみで、こうした〝シルカケメシ〟をふるまうというのも一興であるような気がする。

三

「御成記」に見るおもてなし

「御成記」という史料

今回は「御成記《おなりき》」のおもてなしを詳しく見てゆこう。ここに記録されている政治権力者の御成こそが、室町・戦国時代における最高級のおもてなしであったからだ。この時代のもっとも格式張った饗宴を知り、これを基点とすることによって、戦国時代の人びとが様々な機会に体験したおもてなしの性質をつかむことができるのではないかと思われる。

頼りにするのは、『中世武家の作法』（二木謙一《ふたきけんいち》、吉川弘文館）、およびわたしも報告者として参加したシンポジウムの成果である『宴の中世』（小野正敏・五味文彦・萩原三雄編、高志書院）の二著である。

御成とは、本章の一で述べたように、政治権力者が日常的に居住する空間の外に出て、特定の寺社や家臣の邸宅などにおもむく行為で、「御成記」には、そこでどのような饗宴がもよおされ、どのような遊興が企画され、贈り物がなされたのかが詳細に記されている。

現在残る「御成記」と名づけられたもっとも古い史料は、『飯尾《いのお》宅御成記』という（『群書類従』所収。以下今回言及する史料はすべて『群書類従』『続群書類従』所収）。寛正七年（一四六六）二月二十五日、室町幕府八代将軍・足利義政が幕府奉行人・飯尾之種《ゆきたね》邸に御成したときの記録である。ただここには、亭主である之種らから義政に贈られた引出物《ひきでもの》や、もよおされた能の番組、飯尾家側で準備に携わった担当者の名前が書きあげられているに過ぎず、饗宴の献立などの記録は見られない。

饗宴の記録が「御成記」に組みこまれ、その内容構成が定式化するのは、私見では永禄四年（一五六一）三月晦日における十三代将軍・足利義輝の三好義長邸御成の記録『三好筑前守義長朝臣亭江御成之記』からである。

さらにこのあと永禄十一年五月十七日にあった足利義昭（義輝の弟、のち十五代将軍）の越前一乗谷《いちじょうだに》・朝倉義景邸御成の記録『朝倉亭御成記』を含めたふたつが、饗宴の献立などの詳細を記した比較的詳しい「御成記」である。

式三献の膳と作法

ふたつの「御成記」に記録された三好邸御成や朝倉邸御成は、「式正《しきしょう》の御成」に位置づけられる。時の将軍（義昭の場合まだ補任《ぶにん》前）が家臣宅を訪れ、もてなされるということで、武家社会において、主君と家臣とのあいだの主従関係を確認する重要な儀礼であった。

御成では、本格的な饗宴に入る前にまず、主殿において式三献《しきさんこん》と呼ばれる亭主（家臣）と貴人（来訪者＝将軍）による献盃《けんぱい》儀礼が執りおこなわれる。

文化人類学では、日本中世の宴の特質は、「酒の場に神が降臨することはないが、まだ神祭りの形式を色濃く残している。それは、賓客あるいは主人を、あたかも祭りのさいに来訪した神をむかえるがごとく、もてなす手続きをもっている」（石毛直道『食事の文明論』中公新書）と指摘されている。最初の献盃儀礼たる式三献は、定式化された道具とおごそかな所作によって、神を迎えるかのような儀礼空間をかたち作った。

故実書に式三献の膳の図が描かれている。ここでは伊勢流故実家・伊勢貞頼が著した『宗五《そうご》大草紙《おおぞうし》』から一の膳を示そう（次頁上図版）。一の膳は、角折敷《かくおしき》という白木を削り出し四つ角を断ち落とした盆の上に、手前から、耳かわらけと呼ばれる箸置き、三重《みつがさ》ねの白かわらけ（三枚重ねた白色の素焼の土師器《はじき》）、打鮑《うちあわび》（鮑を薄く長く伸ばした干物、熨斗《のし》鮑）が据えられる。

三重ねのかわらけによって、酒が三度酌み交わされるのが三献である。貴人と亭主とのあいだで交互に酒を飲み、三献目に亭主は、貴人の飲んだ盃で酒をいただく。膳も三つ供され、一の膳は貴人の左手、二の膳は右手、三の膳は二の膳を上に動かし、その位置に据えるという（『伊勢兵庫守貞宗記《ひょうごのかみさだむね》』）。

盃・打鮑と一緒に一の膳に載せられるのが、生姜《しょうが》（はじかみ）・塩・梅干といった、料理というよりむしろ薬味、調味料に近い食べ物である。故実書『今川大双紙《おおぞうし》』によれば、梅干は、これを見ると口に唾《つば》が生じ、物にむせないため、塩は箸の先につけてなめればやはり物にむせず、生姜は物の味わいをよくするからだという。

二の膳では「大ちう（大中）」と呼ばれるかわらけに、鯉のうちみ（刺身）が盛られ、塩や酢・山葵《わさび》・生姜などがつけられる。三の膳は「三度入《さんどいり》」というかわらけに、鯉の腸煎《わたいり》（腸《はらわた》を味噌や塩・酒などで煎り煮したもの）が供される。

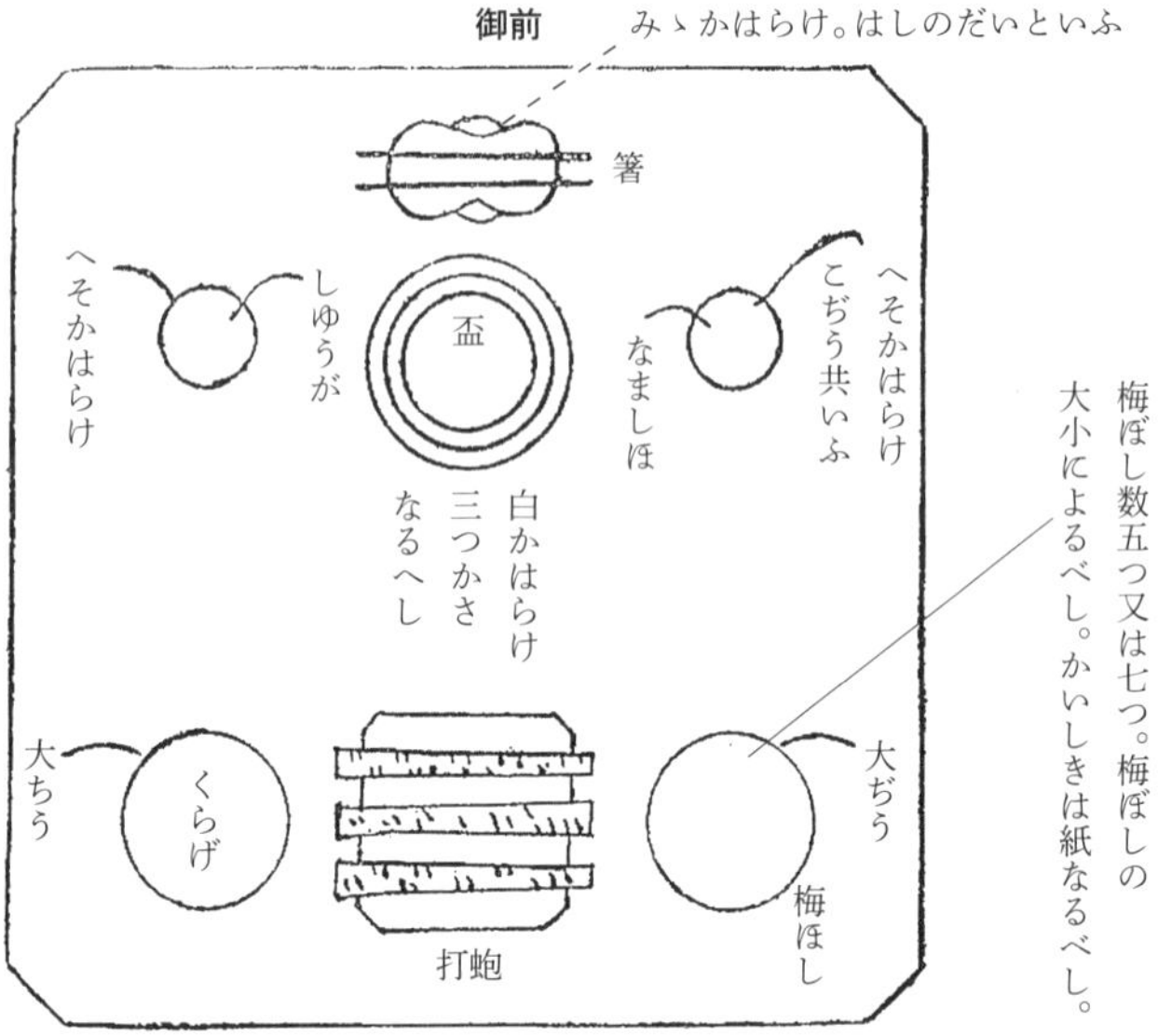

『宗五大草紙』(『群書類従』所収の図を加工)　式三献に供される一の膳の配置を記している。「御前」の位置に貴人が正対して座ることになる。

［高さ五寸五分／鳥の箱六寸四方］

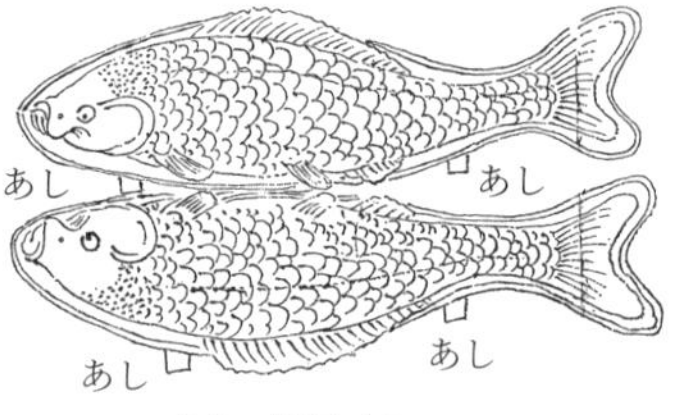

［台一尺三寸］

東京大学史料編纂所編纂『大日本古文書　蜷川家文書』附録71号「婚礼膳部図」
置鳥・置鯉の図。鳥・鯉は、2羽(匹)を対に台や箱に載せて飾られた。

三好邸御成のときは、これにくわえ「をき（置）鳥」「をき鯛」（前頁下図版、ただし図版は「置鯉」）が出された。これらは食べ物でなく、ハレの儀式のさい、飾り物として床《とこ》に置かれる一対の鳥や魚のことである。

式三献から饗宴へ

さて、三好邸御成では、四間《よま》の座敷にて式三献が済んだのち、妻戸からこのとき義輝に進上した馬をご覧に入れたという。そのあと九間《ここのま》の座敷に移動して饗宴がはじまった。饗宴がもよおされる場所は、一般的には会所《かいしょ》と呼ばれる遊戯娯楽のために用いられる建物であった。

饗宴では十七献にわたる酒と料理がふるまわれた。酒と膳が十七度にわたり上げ下げされるのである。「引出物は何献目が終わったとき」「もよおし物の能をはじめるのは何献目あたりから」と故実書にも目安が書かれているが、三好邸御成のときは、引出物は一献と一献のあいだのたびになされ（つまり十七度）、太刀や鎧などが贈られた。四献目がはじまるときに能が開始され、十四番が演じられた。亭主の義長は十三献目のとき義輝に対し御礼を言上した。

このときの十七献の主な献立について、現在もある程度想像がつく料理をかいつまんであげると、次のごとくである。

一献、鳥・雑煮／二献、熨斗（鮑）・鯛／三献、湯漬《ゆづけ》・香の物・鱲・菓子《からすみ》／四献、麦（麺）・添い物／五献、イカ・芋籠《いもごみ》／六献、饅頭／七献、鱧《はも》・青鱠《あおなます》／八献、三方膳（葛粉に色をつけ山形に盛ってたれ味噌をかけた羹《あつもの》）／九献、エイ・鮓《すし》／十献、羊羹（小豆を羊の肝の形に作って蒸した物）／十一献、ごんぎり（小鱧の丸干し）／十二献、魚羹《ぎょかん》（魚と野菜入りの汁物）／十三献、削物《けずりもの》（乾燥した魚を削った物）／十四献、巻鯣《まきするめ》・栄螺《さざえ》／十五献、熊引《くまびき》（鱰《しいら》）・海月《くらげ》／十六献、鶫《つぐみ》・鯛の子／十七献、鱲・蛤《はまぐり》。

これら山海の珍味が御成のさい、将軍の食膳に供されたわけだが、規模は違えど、饗宴に相伴した公家衆や幕臣たち、さらに将軍の御供をしてきた御供衆《おともしゅう》・走衆《はしりしゅう》といった幕府の武士たちにも酒食がふるまわれた。準備された膳は合計すると千におよんだ。

この饗宴に要した経費も『三好筑前守義長朝臣亭江御成之記』に書かれており、八十貫文とある。参考のため現代の貨幣価値に換算すればおおよそ八百万円程度か。これにくわえ、将軍を迎えるにあたって冠木門《かぶきもん》を新設したり（次頁図版）、進物代、能役者たちへの祝儀などもあるから、この一度の御成に費やされた銭は莫大な額にのぼる。

国宝　上杉本洛中洛外図屏風（部分）　左隻第三扇 米沢市上杉博物館所蔵　三好筑前邸。本文に述べた永禄4年の足利義輝御成のさい、建てられたという冠木門が描かれている。

この額を多いと感じるか少ないと感じるかは読者次第だ。ただ、一世一代のおもてなしの機会にあたり、ここぞとばかりに予算を水増ししてお金を注ぎこむのはいまの世にもありうることである。そういう状況のなかに置かれると、とかく金銭感覚は麻痺しがちになり、できるだけ豪華に、物量も圧倒的にと動いて相手を満足させようとするのではあるまいか。

ところで饗宴では、参会者の身分により膳の形も異なる。『宗五大草紙』によれば、将軍・摂関家・門跡《もんぜき》は四方《しほう》（四方に刳形《くりかた》の穴のある台をつけた膳）、公卿は三方《さんぽう》（前と左右の三方に刳形の穴のある台をつけた膳）、武家衆は足付《あしつき》（折敷の四隅に足がついた膳）か、足のない折敷にて出される。

三好邸御成のとき、広橋国光《ひろはしくにみつ》・高倉永相《たかくらながすけ》・竹内季治《たけうちすえはる》ら公家衆も相伴した。三好家では当初彼らに故実どおり三方を用意したが、結局足付で膳を出し、盃も小角《こかく》と呼ばれる小さな折敷に載せて出された。これに対して三方にすべきではないかという意見も出たようだ。ただ、大名衆に混じっての相伴なので、これでもよかろうと落着した。いつの時代もしきたりにはうるさい人間がいるのである。

饗宴の器

身分による違いは、膳だけでなく、当然盃など酒器にもおよぶ。現代でも家族が日常使用するものとは別に、来客用の食器を用意している家庭は当然あるはずだ。身分が厳然と定まっていた前近代社会ではより細かな区別がなされた。

森鷗外の史伝『渋江抽斎《しぶえちゅうさい》』にこんな挿話がある。抽斎と仲の良い友人であった江戸幕府侍医・多紀茝庭《たきさいてい》は法印《ほういん》という高い僧位にあった。その彼が渋江家を訪れたときは、茶は台と蓋のある茶碗にて供され、菓子は高坏《たかつき》に盛って出された。この器は大名と多紀法印に茶菓を呈するときに限って用いられたというのである。江戸時代末期においても、身分による器の使い分けはおもてなしの基本であった。

越前一乗谷の朝倉氏居館発掘に長く携わった佐藤圭氏が紹介する故実書『三内口決《さんないくけつ》』にも、儀礼のさいに木具・土器を用い、塗物（漆器など）は日常用、青磁などは上層公家が用いると定められている（「文献資料にみえる中世の飲食器の使用と所有について」『朝倉氏遺跡資料館紀要』一九八八年所収）。

いま、儀礼のさいに土器を用いるとされていることを紹介した。これは先に触れたかわらけと呼ばれる素焼の土器のことである。ここまで「大中」「三度入」など説明しないで進めてきたが、これらは盃の名称であり、大きさによって区別された。大中は口径約十四から十六センチ、三度入は口径約九センチのかわらけであるとされる。ほか「一度入」「二度入」などもあり、数字が小さくなるほど口径も小さくなる（中井淳史「饗宴文化と土師器」『宴の中世』所収）。

これらかわらけは、『三内口決』にもあるように、表向き（儀礼）に用いられる盃（儀器《ぎき》）であり、一度使ったら基本的に再利用されず廃棄される、つまり使い捨てであった。一乗谷の朝倉氏居館跡からは大量のかわらけが発掘されており、そこで盛大な饗宴がくりひろげられていたことがわかるのである。この話題は次にまた取りあげたい。

冒頭で触れたシンポジウムでは、特別にかわらけが製作され、報告者一同に配られた。そのさい、実際使ってみるときは決して乾いた唇で飲まないようにと注意された。唇の皮がかわらけにくっつき、剝がれてしまうのだという。

宣教師ジョアン・ロドリーゲスもこのことに注意を喚起している。

復元かわらけ　シンポジウム「宴の中世―場・土器（かわらけ）・権力―」のさいに報告者に配られたかわらけ。直径8.5センチほどで、故実書に出てくる「三度入」にほぼ近い大きさである。

この種の新しい素焼の盃は乾いているので、唇に付き易く、従ってそれに注意しない者は時に難儀することがある。なぜなら、飲む時には盃にひっつかないように、飲む前にまず唇を動かして十分湿らせておかないと、たやすく盃からはずすことができないからである。（『日本教会史』第二十六章）

相変わらずロドリーゲスの観察は細かい。みずからもかわらけで酒を飲んだとき唇の皮を剝がした体験があるのかもしれない。御成の饗宴でも、せっかくのハレの宴なのに唇の皮を剝がし、盃に血がにじんで憂鬱になっている顔が二つ、三つまじっていたのかもしれない。想像するとおかしくなる。いや、武士たちは習慣的にそれを知らないはずがない。リップクリームなどない時代、かわらけで酒を飲む前に、かならず唇を濡らしてから臨んだのだろうか。これまたその姿を想像すると微笑ましくなる。

四 おもてなしの普及と変化

一乗谷・朝倉氏遺跡から

前回見たような室町・戦国時代の京都において完成した最高級のおもてなし（式三献《しきさんこん》）は、どのようにして地方に広がっていったのだろうか。また、時代の流れによっていかなる変化を遂げてゆくのだろうか。この疑問を解く手がかりは、前回触れた素焼の土師器《はじき》「かわらけ」である。

前回紹介した「御成記《おなりき》」のうち、詳しく触れなかったものに、足利義昭が越前の大名・朝倉義景邸に御成したときの記録『朝倉亭御成記』がある。この御成は、永禄十一年（一五六八）五月十七日、義昭が織田信長とともに上洛の途につく数カ月前に挙行された。この頃、まだ義

廃棄されたかわらけ　画像提供＝福井県立一乗谷朝倉氏遺跡資料館　朝倉氏館の裏門付近から発掘された大量のかわらけ。一献ごとに使い捨てにしていたと思われる。

昭は義景を頼みにしていたのである。

この御成でも最初に寝殿において式三献がおこなわれ、その後会所《かいしょ》に移り、足利義輝の三好邸御成同様、十七献におよぶ料理によって盛大にもてなされた。いまだ将軍就任前で地方に身を寄せていたとはいえ、義昭には御供衆《おともしゅう》以下室町幕府の重臣・役人たちが従い、いっぽう迎える側の朝倉氏も一族・重臣が宴席に連なった。

朝倉氏の館があった越前一乗谷《いちじょうだに》（現・福井県福井市）では、一九六〇年代から発掘調査がおこなわれ、出土した遺構をもとに現在では武家屋敷が復元されるなど、戦国大名の城下町の雰囲気をよく伝える場所になっている。その発掘に携わった歴史考古学者の小野正敏《まさとし》氏は、『朝倉亭御成記』に登場する人物だけでも百八十人、そのほか記録に登場しない下層の侍たちをあわせれば数百人がこの御成で食事をしたと推算している（『戦国城下町の考古学』講談社）。基本的に使い捨ての酒器であるかわらけは、一献ごとにあらためられるから、数万枚が消費されていたのではないかという。

実際、朝倉氏館の裏門付近の堀跡から、ピラミッド形に堆積したかわらけの山が出土し、重さは二百五十六キロもあったという（前頁図版）。小野氏はこれらが永禄十一年の御成のさいに使用されたかわらけではないかと指摘する。

人数と献数を単純にかけあわせても数万枚には到達しそうにないから、ほかの宴会に使われたものも混ざっているかもしれないが、戦国時代の人びとは本当に惜しげもなくかわらけを使っていたことがよくわかる。花見の席で使う紙皿でさえもったいなくて取りかえられないわたしの貧乏性な価値観とは相容れない。それはともかく、一乗谷の事例は、文献が出土遺物から裏づけられる貴重な例である。

かわらけ大消費時代としての室町時代

出土遺物を素材に武家文化について研究している歴史考古学者・中井淳史《あつし》氏によれば、京都では、室町幕府八代将軍・足利義政の頃にととのえられた饗宴の故実が規範となり、武家社会

国宝　上杉本洛中洛外図屛風（部分）　左隻第二扇　米沢市上杉博物館所蔵　画面左の、天秤をかついでいる3人がかわらけ売り。中世に成立した『七十一番職人歌合』中に登場する「土器造」と似たような籠を棒から提げている。

ではそれにのっとっておもてなしがなされたという。その結果、饗宴の場で用いられるかわらけの生産が盛んになった。故実書を見ると、饗宴では様々な大きさ（口径）のかわらけが使用される。それらは規格化され、流通した。かくして京都における饗宴の流行は、かわらけの大消費時代をもたらす。

イエズス会宣教師ジョアン・ロドリーゲスは、かわらけを「細工も飾りもまったくない素焼きの簡単な陶土の盃のようなもの」「材料となった陶土と同じ自然の色をしていて、自然のまま」と書く。さらに、「正月などのようないくつかの儀式ばった祝祭には、盃は古いのでもなく、使ったものでもなく、必ず新しいものでなければならない」とかわらけの一回性にも言及している。とはいえ、「簡単な陶土の盃のようなもの」という表現からは、儀式に使われる神聖な器という価値観は受け入れがたかったようにも見える。

さらに彼は、「その盃を売る店が無数にあり、しかもほとんどただに近いほど非常に安い」（以上『日本教会史』第二十六章）と、その商品化と流通にも触れている。たしかに室町・戦国時代の京都を描いた「洛中洛外図屏風」を見ると、行商によってかわらけを売り歩く人びとの姿が確認できる（前頁図版）。

地方武士によるおもてなし学習

権力が衰えた室町将軍の地方流浪により、京都における最高級のおもてなしが地方の戦国大名へと伝わってゆく。それ以前、いまだ将軍が勢威を保っていた時期にも、逆に地方の大名たちが京都にやってきておもてなしを体験し、そのやり方を国元に持ち帰ったり、室町幕府の有力者に故実を尋ねるなどして、情報が地方に伝わることがあった。

たとえば『大内問答《おおうちもんどう》』という故実書には、周防《すおう》山口に拠点を構え、十六世紀初頭には室町将軍の後ろ盾となって京都にも勢力を広げていた大名・大内義興《よしおき》が、京都の武家社会における交際のうえで必要な故実を、幕府の故実家である伊勢氏に問い合わせた内容が記録されている。

また、天文二十四年（一五五五）、陸奥の、現在の岩手県中部あたりを支配していた稗貫《ひえぬき》義時という武士が上洛したとき、伊勢氏に仕えて幕府の政所代《まんどころだい》という職にあった蜷川《にながわ》家が彼から受けた質問の内容が残っている。そこにはおもてなしのさいの配膳や食事、式三献のやり方などについての事項が並んでいる（『大日本古文書　蜷川家文書』附録三二号）。

地方の武士たちは、京都において流行していた式三献などの洗練された儀礼を〝輸入〟し、そのおごそかさによってみずからの権力を飾ろうとした。そのため故実書に書かれているようなおもてなしの儀礼が、彼らを介して地方にも普及したのである。

ただし注意したいのは、故実書に書かれていることすべてがそっくりそのまま地方に伝わったわけではないことである。

中井氏はこの点に注目している。故実書に細かく記載され、用途によって多様化したはずのかわらけだが、各地の武士の館などから出土した遺物を観察すると、京都ほど多様ではないという。

そもそもかわらけは、饗宴のときに使われる一回かぎりの器である反面、日常的な器としても用いられていた。地方にはその土地の生活に根ざしたかわらけの使い方があり、それに応じた生産もなされていた。故実書という文字の記録やその地を支配する武士を介し、京都における最高級のおもてなしのやり方が地方にもおよんだものの、器の大きさやその使い分けのような決まりごとの細部までもが杓子定規に導入されたのではない。おもてなしは〝輸入〟されたが、器は京都から〝輸入〟されたわけではないのである。

戦国時代のおもてなしは、大量生産される器が思わぬ要因となって、地方と京都、実生活と儀礼のはざまで揺れながら、変化を余儀なくされていた。

信長が変えた？　おもてなし

ロドリーゲスのような外国人は、日本人があらたまった宴会のときに重んじるかわらけに接し、「ふん、二束三文で手に入るたかが素焼の土器じゃないか。しかも唇の皮が剝がれて嫌な感じ」と、その価値観を共有できないでいた。ところが、どうやらわが国にも似たようなことを感じた人間がいたようだ。信長である。

信長はおもてなしの変化にどのような役割を果たしたのだろう。ここでもロドリーゲスに登場してもらおう。彼は日本の宴会を次の五種類に分類している（『日本教会史』第三十章）。

①信長 Nabunanga および太閤 Taycó 以来、現在この王国において行なわれている普通一般の宴会

②三つの食台（三の膳）の宴会

③五つの食台（五の膳）の宴会

④七つの食台（七の膳）の宴会

⑤厳粛に茶 châ を飲むことを人に勧めるために、特殊な方法と礼法をもって招待するもの

②③④は、ここまで故実書や「御成記」をもとに見てきた儀礼的な饗宴に類するものであり、膳が増えるにしたがい儀式としての重要度は高まる。⑤は、説明するまでもなく茶会にともなう宴会である。ここでは①に注目したい。

ロドリーゲスは①の宴会に信長・太閤（豊臣秀吉）以来という歴史性をまとわせ、これを（この時代の）「普通一般」と表現している。信長・秀吉の時代は、「多くの事を改め、余分なもの、

煩わしいものを棄て去って、その古い習慣を変えると共に、宴会に関しても、さらに平常の食事に至るまで、大いに改善した」という。

彼が述べる変化とは、まず食器について、「貴重なものとされる杉（檜）の木材そのままのものか、それに漆を黒く塗って、滑らかな角《つの》か鏡かと見え、自分の姿が映し出されているほど、たいへんきれいなもの」を用いるようになったことである。食台も五つや七つまでおよばず、三つのものを使い、「昔の儀式に使われる陶土製の道具も棄て」、「光沢のある陶器」に変えたという。要するに、故実書に書かれているような、主客のあいだで何献も盃や膳を応酬する堅苦しい饗宴、かわらけを使うおもてなしはすたれ、陶磁器や漆器を主に使うやり方が主流になったというのである。

ついでに言えば、宴会の変化は料理にまでおよんだ。「ただ装飾用で見るためだけに出されたもの」（本章の三で紹介した「置鯉」「置鳥」のたぐいだろうか）と「冷たいもの」をやめ、「暖かくて十分に調理された料理が適当な時に食台に出され」るようになった。この一人の外国人は、日本におけるおもてなしの宴会が信長・秀吉の時代にはっきり変化したことを実感していた。虚飾性や無駄を省き、お酒や料理をおいしく味わうための宴会へと変わったのである。

個人的には、見ることを主眼とした酒の肴もあってよいと思うし、信長にせよ宿敵・義景や浅井長政の髑髏《どくろ》を「薄濃《はくだみ》」（漆や金泥で彩ること）にして肴としているくらいだから、それをまったく否定したわけでもないだろう。もういっぽうの、ただ冷たいだけの料理を追放したというのは、現在のわたしたちの食の嗜好にもつながる大きな革命であり、この点は拍手を送りたい。

信長の時代における宴会の変化ということで興味深いのは、信長が主賓となる（もてなされる）「御成記」が存在しないことである。もちろん残っていないから、「御成記」に見られるような御成を信長がやっていないことにはならない。しかしロドリーゲスの証言を知ると、信長がそうした窮屈な制約のあるおもてなしを嫌い、より現実的な宴会を好んだことにより、彼の時代に宴会のあり方が大きく変化したと言えそうであり、このことと信長の「御成記」が存在しないことはうまく符合しているように思われる。その意味では、「御成記」がないことは、権力形成に御成という儀式を重視しなかった信長の政治姿勢を考えるための格好の切り口になるのかもしれない。

もっとも、ロドリーゲスが信長とともに名前をあげた秀吉の「御成記」はいくつか残っているから、この時代に御成という儀礼そのものがなくなったわけではない。秀吉の場合、彼が御成によって他の大名との上下（主従）関係を明確にしようという意図を持っていたことと関係するのだろう。

「御成記」の権力論はまた別の話になる。おもてなしに目を戻せば、信長と秀吉の時代にそれが大きく変わったというロドリーゲスの指摘は大いに注目しなければならない。①のような宴会へと変化したことは、⑤に指摘される茶会によるおもてなしの出現、つまり茶の湯の流行と無関係ではないだろうからである。そこで次は「茶会記《ちゃかいき》」に戦国時代のおもてなしの様子を探ってみることにしよう。

第二章　おもてなしをきわめる

五

「茶会記」に見るおもてなし

おもてなし大国・日本の象徴

今回は、「茶会記《ちゃかいき》」のなかに戦国時代のおもてなしの様子をうかがってみよう。

ここまで何度も登場してもらったイエズス会宣教師ジョアン・ロドリーゲスは、この時代の日本における宴会を五種類に分類し、「厳粛に茶 châ を飲むことを人に勧めるために、特殊な方法と礼法をもって招待するもの」をそのひとつにあげている（『日本教会史』第三十章）。

このほか茶会に関する彼の発言を『日本教会史』のなかから拾ってみれば、「この王国の優雅な習慣の中でも、主要であり、日本人が最も尊重し全力を傾倒するのは茶 châ を飲むことに招待することであろう」（第十二章）、「シナ人および日本人の間では、茶 châ を飲む習慣は王国全土にわたって共通で、客人をもてなす主な礼法の一つである」（第三十二章）とある。ロドリーゲスは、戦国日本のおもてなしの粋《すい》を茶会に見いだしていたようだ。

茶会を構成する人間は主人（席主・亭主）と客である。その最大の目的は、主人がいかにして客をもてなすかということに尽きる。茶会とはおもてなしの遊興であると言うことができよう。

また茶会は芸術になぞらえられることもある。茶道研究家・筒井紘一《ひろいち》氏は、茶会を総合芸術と捉える歴史学者・林屋辰三郎氏の説に触れ、茶会を舞台芸術になぞらえて立てた四箇条を紹介している（『茶の湯事始』講談社学術文庫）。①演劇を構成する俳優は茶会を催す亭主、②劇場は茶室、③観客は茶会に招かれた客人、④台本は茶会記。

ここで林屋氏に「台本」とたとえられた茶会記とは、戦国時代に成立し、江戸時代を経て現代に至る茶会の記録である。そこには、日付・場所・席（亭）主名・客名、使用した茶道具や座敷飾り、出された料理の献立などが書きとめられる。茶会というもよおしの演出台本であると同時に、おもてなしの記録（備忘録）でもあった。

こうしたおもてなしの記録が時代を超えておびただしく作成され、伝えられていることからも、わが国がいかに〝おもてなし大国〟であるかがわかる。

茶会記から何を読み取るか

そうは言っても、茶会記の記事は至って簡潔である。右にあげた各要素の単語がただ羅列されているものがほとんどだ。茶会に慣れている人ならば、記事を見るだけで茶会のゆたかな空間を脳裏に再現できるのだろう。けれども茶会には縁遠いわたしのような人間にとって、それはなかなかむずかしい。

戦国時代の茶会記を読んでいると、まれに、記事が道具立て以外の、その茶会がもよおされた経緯や、主客の立ち居ふるまい、その場で交わされた会話などにおよんでいるものが目に入ることがある。こうした記事が目立つようになるのは、織田信長が政治権力を握った頃以降のように感じられる。茶会の中心となる茶人たちが信長をはじめとした武将たちと交流をもち、武将たちも積極的に政治のなかに茶の湯を持ちこむようになったからこそ、茶会記の内容にも変化が見られるようになったのではあるまいか。

一見単語の羅列でしかない味気ない茶会記から、茶人を媒介とした天下人や武将たちの人間関係の機微、さらに歴史的できごととのつながりを読みとる。日本史研究者であるわたしにとって、これ以上魅力的なこころみはない。

またたとえば、こんなこころみはどうだろう。茶会には主人と客がいる。双方がおなじ茶会を茶会記に書き記していたら、どのような違いが出てくるのだろうか。

例にあげるのは、天正六年（一五七八）十月二十八日、堺の豪商天王寺屋の津田宗及《そうぎゅう》が、おなじく堺の豪商今井宗久《そうきゅう》らを招いた茶会の記録である。次頁の上がもてなした側の宗及の茶会記（『天王寺屋会記』宗及自会記）、下がもてなされた側の宗久の茶会記（『今井宗久茶湯書抜』）である。

そもそも宗及が朝（の茶事）、宗久が晩（夜咄の茶事）という開催時間帯の違いがある。『今井宗久茶湯書抜』は書写の過程での錯誤が多く、利用には注意が必要だと指摘されている。右の決定的な違いからもわかるように、自筆本の残る『天王寺屋会記』とおなじ土俵で比較すること自体無意味なのかもしれない。以下はそれを踏まえたうえで、あえて二人の記録を比較してわかることを述べたい。

さて、茶道具や飾りの記載は両者ほぼ共通している。茶道具に関する語彙は当然のことなが

『天王寺屋会記』宗及自会記

同十月廿八日朝｜宗久 道□

一、炉 フトン、クサリニ、長板 桶・合子、□ツ置、京之さめへの水くミ候、

一、床 物なし、籠ヨリせんから茶碗

仕立 木具ニ、足なし、土器ニ、あへ物

京蔓 うとあへて、二色ヲ盛、かんのしる、

飯

近江鮒、焼テ、はちのこにひろいおろし

菓子 木具ふち高ニ、まめあめ 焼栗 いり

かや

『今井宗久茶湯書抜』

同十月廿八日晩｜宗及会 宗久 道叱

一、イロリ フトン釜、クサリニテ、

一、床 何モナシ、

一、長板ニ手桶 合子 フタヲキ 五トク セン

カウ茶ワン 茶桶

一、今朝上様ヨリ京サメカイノ水拝領ニ付、開キ候由被申候、本膳 木具、足打

一、金タミ土器 京菜・クキ・ウトアヘテ 汁

雁 飯、鉢ノ子ニ、鮒ヤキテ ヲロシカケ

テ

一、菓子 フチ高ニ、焼クリ イリカヤ マメ

アメ

ら、お互いが所持する茶道具の種類・名称についても共通理解がある。茶会記を記すさいの〝共通言語〟があるわけである。

このことは懐石の献立（仕立）についても言える。もちろん当日出された献立について主人から客に対し解説があったからこそ、似かよった書きぶりになるのだろう。主人のほうが多少詳しい（宗久がただ鮒《ふな》と書いたところを宗及は近江鮒と書く）のは、関心の置きどころの差異なのか、主客の差異なのか、いろいろな想像が可能である。

ほかに気になる点がいくつかあって、そのひとつが、この茶会をもよおすきっかけになった「サメカイ」の水である。珠光《しゅこう》が室町将軍・足利義政に茶を献上したときに汲んだという佐女《さめ》牛井《がい》（現・京都市下京区）の名水を指すと思われ、江戸時代の地誌には、信長の弟・有楽斎《うらくさい》（織田長益《ながます》）が再興したという伝承がある（『日本歴史地名大系』平凡社）。信長自身も佐女牛井の水と何らかの関わりがあったのだろうか。

客の宗久は、主人宗及から、「今朝上様（信長）から佐女牛井の水を拝領したのでこの会を開きました」という主旨説明を受けたことを記すが、肝心の宗及は、ただ佐女牛井の水を汲んでこれを用いたことを書くのみで、信長の名前は登場しない。

調べてみると、信長は天正六年十月二十八日前後は安土にいたらしい（藤井譲治編『織豊期主要人物居所集成』思文閣出版）。したがって宗及が直接信長から佐女牛井の水を賜ったわけではないようだ。

穿《うが》った見方をすれば、こうも考えられる。茶会に用いた佐女牛井の水を説明するとき、宗及は「上様から賜った」とぬけぬけと嘘をついた。真に受けた宗久はこれを茶会記に記したものの、当の本人は、そうでないことを知っているから、文字としてひと言も書き残さなかった。おなじ茶会におけるもてなす側ともてなされる側の茶会記を読みくらべることで、茶会記におもわぬ亀裂が生じ、その裂け目から茶人の虚栄が見えてきはしまいか。

茶会を派手にするおもてなし術

天正六年十月二十八日に開かれた宗及の茶会について、主人宗及・客宗久双方の茶会記を比較して気になる点がまだもうひとつある。仕立の膳に供された料理を盛った器「土器」である。前回も話題にした「かわらけ」のことだが、宗及はこれをただ「土器」とするいっぽうで、客宗久は「金タミ」と書き添えている。「だみ」とは「彩《だ》む」の連用形の名詞化であり、金泥・

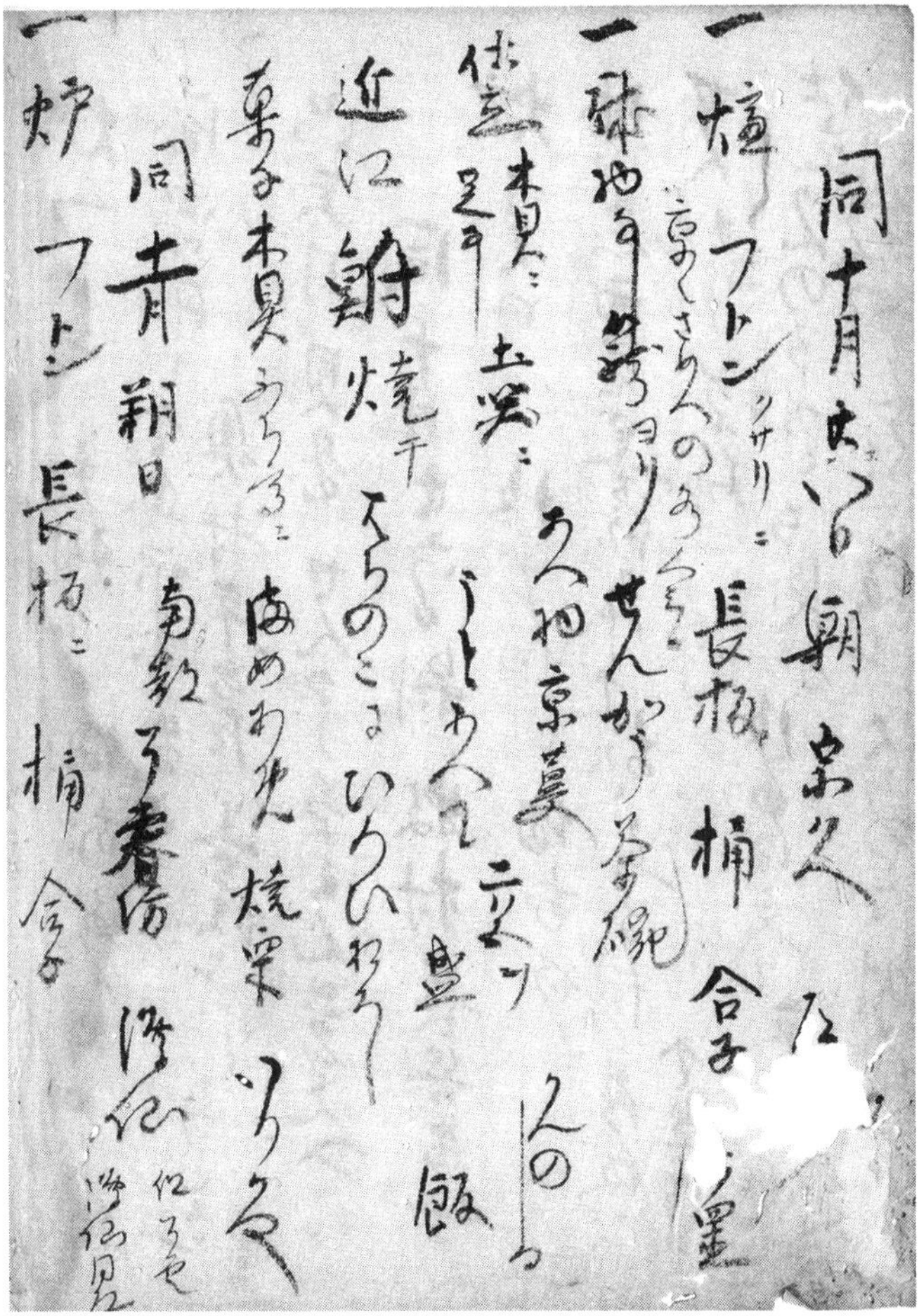

『宗及茶湯日記（天王寺屋会記）』宗及自会記 天正6年10月20日条　『宗及茶湯日記（天王寺屋会記）』は、堺の天王寺屋津田宗達・宗及・宗凡3代の茶会記。自筆の巻もある。

銀泥で彩色することを意味する（『日本国語大辞典 第二版』小学館）。つまりたんなる素焼のかわらけでなく、金に彩られた器にて供されたと言うのである。

宗及が自会記にそのことを記さなかったのには理由があるのかどうか、ここでは問わないでおこう。それより思い出されるのは、第一章の四で信長の時代に宴会における食器に変化があったことに触れたなかで、ロドリーゲスが「昔の儀式に使われる陶土製の道具も棄て」、「光沢のある陶器」に変えたと指摘していることである。

信長が主人となった茶会を見ると、たとえば天正元年十一月二十三日・二十四日の連日、京都・妙覚寺において開かれた茶会では、出された食膳のかわらけがいずれも「（金に）タミて揃えられていた（『信長茶会記』『今井宗久茶湯書抜』）。永島福太郎氏によって、桃山時代の茶会では膳・椀・折敷《おしき》を金銀にて飾るのが流行したと指摘されているが（『中世文化人の記録 茶会記の世界』淡交社）、素焼の器で酒を飲んで唇の皮が剝がれるのを嫌ったのではなく、やはり信長の好みだったと見るべきなのだろうか。

信長の家臣がからむ茶会でもこの風潮はおなじだった。天正八年十月二十一日、検地奉行として大和《やまと》に下ってきた滝川一益を迎えて奈良で開かれた茶会でもまた、かわらけを「金にタミテ」膳が供された（『松屋会記』久政茶会記）。

土器をダミて使用するということが陶土製の道具を棄てたことにはかならずしもあたらないが、京都では畏《かしこ》まった儀器《ぎき》としての使用がもっぱらであった（素焼の）かわらけを忌避したという信長の嗜好の影響が、家臣や茶人たちにもおよんでいたと言えるのではないか。たとえば千利休の高弟・山上宗二は、茶会における会席（食事）の趣向の凝らし方について、次のように説いている。

惣別、茶湯に作《さく》をするというは、第一会席、または暁客《あかつき》を呼ぶか、押し懸けて行くか、第二に道具厳《かざ》り様《よう》、さては宮仕の珍しきか、女を仕《つか》う事もあり。ただし、人の仕《し》たる作をば、かつて以って似すべからず。我が新しく作分を行仕るべし。貴人呼ぶ時は、何か珍しき行《てだて》仕るべしと云々。紹鷗の時よりこの十年先までは金銀をちりばめ、二の膳、三の膳まであり。（『山上宗二記』岩波文庫本収録の読み下し）

ここで宗二が金銀をちりばめた膳でもてなしたと書く「十年先（前）」とは、信長の時代を指す。その頃貴人を招くときにはこのような珍しき趣向が必要だったというのである。

宗二が趣向の凝らし方として指摘したなかでほかに面白いと思うのは、給仕に女性を使うとあることだ。たしかにロドリーゲスは、客人に酒を勧める普通一般の儀礼では、小姓がこれに奉仕し、「彼らは必ず身分のある若者や少年」、つまり男性であったと書いているから、女性による給仕は珍しさでもって客人を驚かせる趣向だったのか。

博多の豪商・神屋宗湛《かみやそうたん》の茶会記『宗湛日記』に、慶長二年(一五九七)二月二十四日、豊臣秀吉の側近で医師であった施薬院全宗《やくいんぜんそう》の茶会に招かれたおりの趣向と、主人全宗のことばが書きとめられている。「座敷ノカヨイハ、十七八ノ女房衆三人、衣裳一段ケツコウ出立テ也、薬院被仰《おおせらる》ニハ、是ヲハ馳走ナリト御雑談也」。給仕をしたのは十七、八歳の着飾った娘たち三人。全宗は「これこそ馳走というのだ」とご機嫌だった。

さしずめ「若くて綺麗どころを何人か揃えておきましたぞ」といったところか。茶会記にこのような卑俗な会話は滅多に見えないから、目にしたときにはつい笑ってしまった。この発言が出家の口から飛び出したという点も、実に意表を突くではないか。

丹波（施薬院）全宗画像　東京大学史料編纂所所蔵模写　豊臣秀吉の身近に仕えた医師。当時の名医・曲直瀬道三に学び、朝廷から古代以来の医療施設である施薬院の長官に任ぜられこれを再興し、貴賤を問わず人びとの治療にあたった。肖像画では一見品格のある僧侶だが……。

六

「もてなし」と「もてなされ」

もてなし上手ともてなされ上手

前回茶会記《ちゃかいき》によって比較した津田宗及《そうぎゅう》と今井宗久《そうきゅう》の茶会での立場は、宗及が席主、宗久が客であった。茶会記には自身が席主となった茶会を記す自会記と、他人の茶会に客として招かれた記録である他会記があり、同一人が両方とも記すことがある（実際、宗及の『天王寺屋会記』がそうである）ように、茶の湯における主客の関係は茶会のたび容易に入れ替わりうる。ある日の茶会では客であった人物が、別の日には席主となり、そのときの席主を客として招くこともあるわけである。

茶会に招かれた人が、席主のもてなし方を注意深く観察し、あるいは学んで、次にみずからが主催する茶会に活かすことも当然あるだろう。茶会という場は、もてなし上手を育てるだけでなく、もてなされ上手をも育てる。もてなし上手ならばもてなされ上手でもあるといってもいいのではないか。客としてもてなされることに慣れていなければ、自身が客を満足にもてなすこともできないはずだ。

その意味では、茶の湯と並んで中世に発生した文化である連歌にも、右に述べたことと同様のことが言える。連歌は亭主と客の二人を軸にして展開する。客が発句《ほっく》を詠み、そのなかで招かれたことへの礼をこめつつ相手を褒める。これに亭主は答礼として脇句をつける。日本の中世という時代は、茶の湯や連歌など、もてなし上手・もてなされ上手を育てる文化が花開いた。

今回は、中世の名だたる文化人のなかでも屈指のもてなし上手・もてなされ上手であった（とわたしが考える）細川幽斎《ゆうさい》（長岡藤孝《ふじたか》）に注目し、饗宴や連歌などの場における彼のもてなし方、もてなされ方を見てゆくことにしたい。

幽斎のもてなされ

幽斎は天文三年（一五三四）室町幕府奉公衆・三淵晴員《みつぶちはるかず》の子として生まれ、まもなく室町幕府管領家《かんれいけ》のひとつ細川家の分家の養子となって将軍・足利義藤（のち義輝）の一字を賜り、藤孝と名乗った。室町幕府将軍の側近として義輝・義昭に仕え、その後織田信長・豊臣秀吉に仕えた。

彼は天正元年（一五七三）に信長から山城西岡《にしのおか》の地を与えられ長岡を名乗り、その後丹後一国を賜ることになる。信長が本能寺に斃《たお》れたとき剃髪して幽斎玄旨《げんし》を名乗った。没したのは慶長十五年（一六一〇）である。公家の三条西実枝《さねき》から古今《こきん》伝授を受けるなど歌道にすぐれ、料理や有職《ゆうそく》故実などについてもその道をきわめたこの時代随一の文化人であった。

幽斎が誰かをもてなしたり、逆に幽斎がもてなされたことを記した史料を探してみると、意外に偏りが大きい。もてなす側の史料が圧倒的に多いのである。ただ、幽斎がもてなされる場面を記す史料は鮮烈な印象を残すものばかりだ。

天正十七年六月九日、京都に滞在中の島津家当主・義弘は、相国寺《しょうこくじ》に幽斎を招いて宴をもよおした。鹿苑僧録《ろくおんそうろく》という禅僧の最高位にあった西笑承兌《さいしょうじょうたい》もこのとき同席し、その様子を日記に書きとめている（『鹿苑日録』）。それによれば、上京《かみぎょう》・下京《しもぎょう》の芸達者たちが集まり、乱舞のなか冷麺・吸物・湯漬《ゆづけ》をはじめ本膳・二の膳が出され、それらには金箔・銀箔によって作られた飾

細川幽斎画像　天授庵所蔵　織田信長、豊臣秀吉に仕えた武将。武芸に秀で、文学・能楽・歌道にも精通していた。嫡男は千利休の高弟・忠興（三斎）である。

りの花（亀足《きそく》）が添えられた。

このにぎやかな宴は炎暑のなか挙行された。六月九日は太陽暦（グレゴリオ暦）でいえば七月二十一日にあたる。承兌は人びとが踊り狂うさまを見ながら、「炎暑肌に入り、汗漿《しょう》の如し。人気《じんき》暑気、半苦半楽。実に地獄の遊戯に入るものなり」と記している。暑くて苦しいけれど、とことん楽しもうではないか。灼熱地獄のなかの悦楽であった。

さて場面は一転して雪景色。猛暑の宴会から十五年ほど遡った天正二年閏《うるう》十一月二日、太陽暦でいえばちょうど十二月二十五日のクリスマスにあたる。琵琶湖に面した近江坂本城を居城とした明智光秀は幽斎を招いた。雪が舞う湖に舟を浮かべ、酒を酌み交わしつつ連歌となった。

幽斎はこの情景と、招いてくれた光秀の城に敬意を表し、「大舟の雪にしつけき堀江哉《かな》」と発句を詠んだ。これに応え亭主の光秀は「氷る汀《みぎわ》や遠きさゝ波」と脇をつける。幽斎とともに招かれていた当代一の連歌師・里村紹巴《じょうは》が「村千鳥啼行《なきゆく》月のかけ更《ふけ》て」という第三をつづけた（次頁図版）。

雪の舞う静かな湖に浮かぶ舟の上で詠まれた発句の世界には音がない。そこに幽《かす》かに耳に響くさざ波をくわえる脇句、さらに月（陰暦二日だから実際は新月に近い）をすべる千鳥の群れの

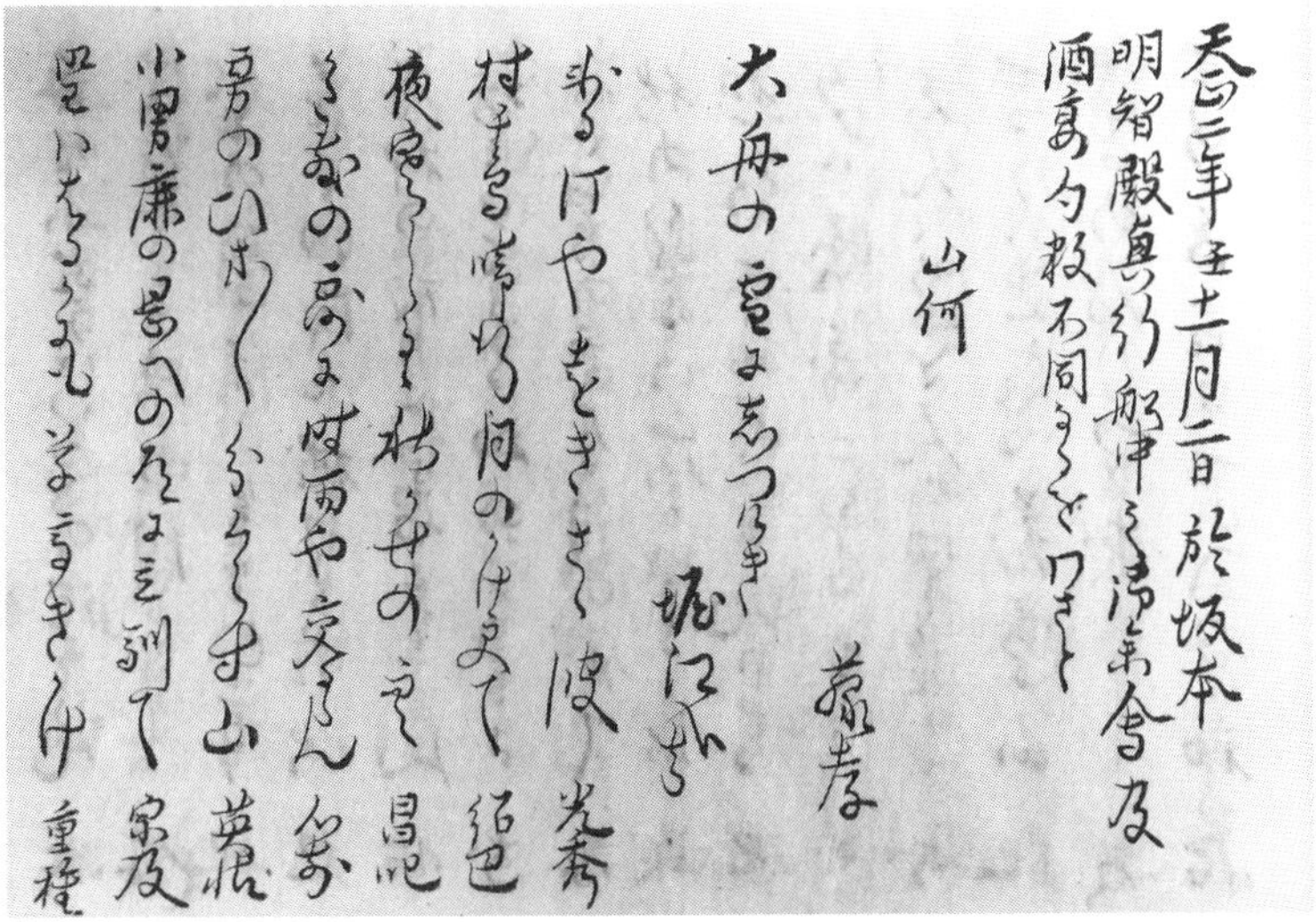

『連歌千五百句』天正2年閏11月2日　大阪天満宮御文庫所蔵

細川幽斎（藤孝）の発句に明智光秀の脇、里村紹巴の第三がつづく。

羽ばたきと鳴声を重ねた第三。見事というほかない連歌の出だしである。滝のように滴る汗が生の躍動感を伝える真夏の宴会と、静かな雪の入り江をしみじみと眺める冬の閑雅な宴会。いずれも幽斎をもてなした宴であり、主賓が幽斎であるがゆえにこれほどまでに芸術的な文章や句が綴られたと考えられないだろうか。

もてなし上手幽斎の手腕

幽斎・光秀・紹巴、この三人が揃うと、宴の空間が不思議に華やかになる。ここからは幽斎がもてなした話に移ろう。天正九年四月、幽斎は堺の宗及らを領国・丹後に招いた。その様子が宗及の茶会記『天王寺屋会記』(宗及他会記)に記されている。

宗及が堺から丹後へ向かう途中、光秀の領国・丹波を通り、光秀たちの歓迎を受けた。四月十日には、福知山において光秀の家臣・明智秀満のもてなしを受け、「七五三ノ膳」(本膳七菜・二の膳五菜・三の膳三菜を盛った膳)が出された。そこから光秀も随伴し、一行は十一日に丹後に到着する。翌十二日の朝開かれた宴は、幽斎嫡男・忠興《ただおき》が主人となった。客は宗及のほか、光秀・幽斎・山上宗二ら。紹巴もそこに同席し、役者は揃った。

その宴では「七ノ膳」というさらに豪勢な膳が供され、最後に「むすび花」で飾られた菓子が出た。そしてその日は九世戸《くせど》に誘われる。飾船に乗って天橋立《あまのはしだて》を見物し、文殊堂（智恩寺）において酒を酌み交わしつつ連歌がはじまった。客の光秀が「うふるてふ松は千年《ちとせ》のさなえ哉」と九世戸の「なへ松」に対する挨拶句を詠み、幽斎が「夏山うつす水のみなかみ」の脇、紹巴が「夕立のあとさりげなき月見へて」の第三をつけた。

幽斎の領国が現在日本三景のひとつに数えられる景勝地を擁することは奇跡に思える。右の宗及・光秀・紹巴らに対するもてなしに見られるように、幽斎がこの僥倖《ぎょうこう》を最大限に活用しないわけがない。

天正十四年十月、幽斎は京都吉田神社神主・吉田兼見《かねみ》を丹後に招いた（以下は『兼見卿記』による）。二人は兼見の父と幽斎の母が兄妹という従兄弟同士で、しかも同い年、すこぶる気の合う友でもあった。兼見は十六日に丹後に入ると、家臣たちの出迎えを受けそこで一献、さらに幽斎の居城である田辺城に着くとすぐに風呂を勧められ、その後夕食が供された。その日から三十日に田辺を発つまで、連日幽斎・忠興以下家臣たちの饗宴がもよおされ、下にも置かないおもてなしを受ける。たとえば二十一日には家臣・小笠原秀清の邸宅で能が興行され、二十七日や二十九日には家臣・米田求政《こめだもとまさ》や幽斎による茶会が開かれた。

当然、天橋立見物にも誘われる。二十五日のことであった。天橋立を見た兼見は、「日本の奇特、下界建立の最初、もっともそのことわり相見えおわんぬ」と感激のことばを日記に記している。京都に戻るときには幽斎や彼の室、家臣たちからおびただしい手土産を贈られ、帰途についた。

こうした歓待のかぎりを尽くす幽斎の姿を見ると、もてなし上手というより、語呂はよくないが〝おもてなし師〟と呼んだほうがいいように思えてくる。

そんな〝おもてなし師〟幽斎の本領が発揮された印象的な場面がある。天正十二年十月、秀吉を交えた連歌である。秀吉はこの年の四月に長久手《ながくて》の戦いで徳川家康に苦杯をなめ、その後もしばらく睨み合いをつづけていたが、決着がつかずこの時期京都に戻っていた。秀吉はそのとき正親町《おおぎまち》天皇が譲位後に住まうための御所造営を引き受け、四日にその縄打（敷地に縄を張り建物の位置などを定める儀式）があった。

秀吉はその場で「冬なれとのとけき空のけしき哉」と発句を詠んだところ、すかさず同席していた紹巴が「さかへん花の春をまつ比《ころ》」と脇句をつけた。これに喜んだ秀吉はその場で紹巴に米百石を与えたという。ご機嫌の秀吉はさらに幽斎に第三を求め、彼は「あたらしき御庭に松を植そへて」と詠んで、これまた秀吉を喜ばせた（『兼見卿記』。鶴崎裕雄・島津亮二両氏のご教示による）。

秀吉はのち自身が歌を詠むさいの連歌名（一字名）として「松」を名乗る。この時期すでにそれを名乗っていたかは不明ながら、秀吉主導による御所造営事業に対し「さかへん」「あたらしき御庭に松を」とたたみかけるように褒めあげる紹巴と幽斎のふるまいは、少し意地悪な言い方をすれば〝ヨイショ上手〟と呼ぶほうがふさわしい。

血塗られたおもてなし

そんなもてなし上手の幽斎や、その子・忠興以下細川家中の面々だが、おもてなしの場を謀略に利用したこともあった。

御成の饗宴が暗殺事件の現場となったことで有名なのは、室町幕府将軍・足利義教《よしのり》が幕臣・赤松満祐《みつすけ》に殺害された嘉吉《かきつ》の乱である。嘉吉元年（一四四一）東国の結城合戦が終熄《しゅうそく》したお祝いのため義教を自邸に招いた満祐が、宴の場で義教を斬殺したのである。

細川家でも似たような事件があった。もともと室町時代には丹後の守護だった一色氏の当主で、信長のもと幽斎が丹後を支配することになってからは彼の配下となって同国弓木城《ゆみのき》を与えられ、幽斎の娘を娶《めと》って婿となった満信《みつのぶ》（義定）が、天正十年九月に義兄・忠興によって殺害されたのである。

細川家の家記『綿考輯録《めんこうしゅうろく》』によれば、事件は次のような経緯であった（そこでは満信を義有とする）。忠興上洛の留守中、満信がその不在をついて居城・宮津城を攻めようと企んでいるという知らせが父・幽斎からもたらされ、すぐ帰国して満信を討とうとしたところ、満信が幽斎を介して許しを乞うてきたので、いったんは和睦をした。

しかし満信に対する疑心が解けない忠興は、彼を討とうと企む。九月八日、満信を宴に招くのである。当然満信は警戒して三百人ばかりの兵をともない宮津城にやってきたが、兵は城外にとどめ、宴席が設けられた書院には満信と家老のみが通された。細川家では、背後の襖の陰に討手をひそませていた。さらに別に家臣たちに武装させ、満信を殺害したという合図を受けたら、彼らはすぐその居城・弓木城を襲撃する手筈であった。

さて饗宴になり、満信が盃を戴いたところをすかさず忠興が刀を抜き、肩先より脇腹にかけて斬りかかり殺害したという。幽斎が直接手を下したわけではないけれど、当然幽斎もこうなることを了解していただろう。もてなし上手の幽斎にとって、居城におけるもてなしの場が血で穢されることをどのように感じただろうか。もっとも武士である以上、そのようなことを気にすることはなかったかもしれない。

満信にしてみれば、もてなし上手の細川家だからこそ、そんな場で襲撃されることはないだろうと判断したから、あえて家老と二人だけで宮津城内に入ったのではあるまいか。もてなし上手という看板が、殺害の陰謀をうまく覆い隠してその成功に導いたのである。

七

旅人に対するおもてなし

天正三年、東と西の旅人

天正三年（一五七五）といえば、五月に有名な長篠の戦いがあり、そこで武田勝頼の軍勢を撃破した織田信長が、その後一気に天下人への階段を駆け上ってゆくことになる節目の年であった。この年、東と西から、歴史上ある程度名の知られた二人の武将が相次いで上洛し、それぞれ旅の記録を残している。

二人とは、今川氏真《うじざね》と島津家久《いえひさ》。氏真（一五三八～一六一四）は駿河《するが》・遠江《とおとうみ》の戦国大名・今川義元の子である。彼は父・義元が永禄三年（一五六〇）、桶狭間《おけはざま》の戦いで信長に討たれたあと、今川家の家督を嗣《つ》ぐものの、同十一年に武田信玄と徳川家康により領国を逐《お》われ、一時正室の実家である北条氏に身を寄せ、天正三年頃には、かつての仇敵・家康を頼って、その居城・浜松にあったらしい。

いま一人の家久（一五四七〜八七）は、薩摩・大隅に勢力をおよぼした戦国大名・島津貴久《たかひさ》の四男として生まれている。天正三年当時の島津家当主は兄・義久《よしひさ》である。彼は当主の弟として、東シナ海に面した薩摩国中部の港町串木野《くしきの》（現・鹿児島県いちき串木野市）を領していた。

氏真は「物詣《ものもうで》の志ありて」正月十三日に遠江（浜松か）を出発、おもに東海道を通っておそらくその月のうちに入京し、四月二十三日まで、およそ三カ月のあいだ京都に滞在した。いっぽう家久は、「大神宮・愛宕山《あたごやま》その外諸仏諸神参詣を遂ぐべきため」二月二十日に串木野を出発、陸路と海路を用い、途中厳島《いつくしま》に参詣するなど、ゆるゆると旅しながら四月二十日に入京、途中伊勢神宮や奈良への下向を挟み六月八日まで滞在した。二人の滞京はわずか数日だけ重なっていることになる。

戦国武将の「上洛」というと、何か天下に覇を唱えるためといった大げさな印象を思い描きがちだが、いま記したように、二人の旅は「物詣」「参詣」が主であり、言ってしまえば物見遊山の私的な目的だった。

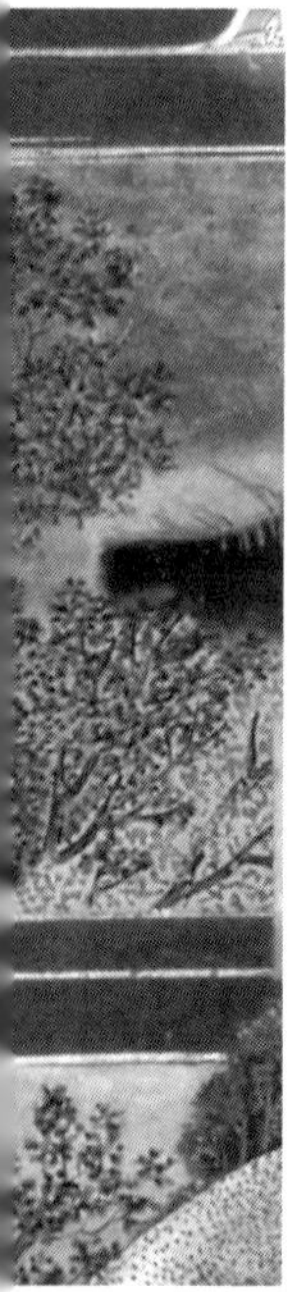

氏真が入京した日がわからないのは、記録が歌集のかたちになっているからである。旅のあいだに詠まれた歌が主体であり、その詞書《ことばがき》に訪れた場所や印象が簡潔に記され、ごくまれに日付が入っているのでだいたいの時期がわかる。歌はほぼ時間順に並んでいると思われる。対する家久の場合は、滞在中、連歌師・里村紹巴《じょうは》らとたびたび連歌を楽しんでいるものの、みずからが詠んだ句は一切記していない。散文の日記紀行である。色々な意味で対照的な二人の旅人ではあった。

名所旧跡と歌人の足跡

氏真の記録『今川氏真詠草《えいそう》』（国立公文書館内閣文庫所蔵）と、家久の記録『中務大輔《なかつかさたいふ》家久公御上京日記』（東京大学史料編纂所所蔵）にはそれぞれ詳細な紹介や研究がある（村井祐樹「東京大学史料編纂所所蔵『中務大輔家久公御上京日記』」・野地秀俊「中世後期京都における参詣の場と人」・河内将芳『戦国時代の京都を歩く』・観泉寺史編纂刊行委員会『今川氏と観泉寺』など）。以下これ

京名所図屛風（部分）　左隻第六扇下　作者不詳　太田記念美術館所蔵　16世紀半ば頃に制作されたとされる。美術史家・宮島新一氏は注文主を島津家と推定し、島津家久の足取りと本図に描かれた名所群の一致から、家久はこの屛風を見て訪れるべき場所を決めたのではないかとする。上図は金閣。多くの人びとが建物に入り、眺めを楽しんでいる。

らを参考に、二人の旅人が京都にいるあいだ、いかなるおもてなしを受けたのかという観点から、ふたつの旅の記録を読んでゆきたい。

京都といえば、昔もいまも神社仏閣の観光である。二人が見てまわった場所は、現代のわたしたちが京都観光のとき訪れる場所とほとんど変わらない。祇園・清水寺・知恩院・三十三間堂・東福寺・北野天満宮・賀茂別雷神社《かもわけいかづち》（上賀茂神社）・嵯峨嵐山・龍安寺などなど、いま人気の観光名所が四百年以上前からそうであったことに驚かされる。

たとえば金閣。氏真は詞書に「金閣は三重にして塔の如し」と書く。家久もまた「金客（閣）三かい作《つくり》也、上は三間也、板敷《いたじき》ハ黒漆也」と書いて、二人とも金閣が三階建てである点を特筆している。金箔で飾られた（もっとも一層は箔が置かれていないが）堂舎が三層であることに驚いたのだろうか。

二人の武将には歌心という共通点がある。そのため洛中洛外を訪れた目的の隅には、神社仏閣への参詣のほか、歌枕への関心があった。言わば〝文学散歩〟である。わたしたちが映画やドラマのロケ地を訪れて満足をおぼえるようなものであろうか。

とりわけ崇拝すべき歌人の第一である西行《さいぎょう》や藤原俊成・定家父子の〝遺跡〟については、二人とも足を運んでいる。嵯峨にあった西行の庵室跡にて氏真は「西行庵室の跡なとゝ申せとも畠《はたけ》の如く也」として「哀《あはれ》いかにあたら桜の陰もなしかこちかほなる隠家の跡」と詠み、東福寺にある俊成の墓所では、「あれわたる秋の庭こそ哀なれまして消えなん露の夕ぐれ」という『新古今和歌集』にも採られた俊成の歌を本歌として、「あれわたるあたりは秋の庭とのみ霞も袖をしほる露哉」と詠じた。

定家が営んだ別荘・時雨亭《しぐれてい》があったとされる大歓喜寺では、家久は「定家卿の居住所」を「今昌（畠）也」と書く。ここも跡形なく畑になっていたのであった。けれども二人にとって、こうした歌人の足跡や歌枕は、かならずしも当時のままでなければならないというものではなかったに違いない。その場にたたずんで目を閉じ、往事を偲ぶことができさえすれば、おのずと歌心が刺激され、それで十分だったのではあるまいか。

花の都のおもてなし

氏真は京都滞在の三カ月のあいだに、『詠草』に記されるだけでも約二百五十首の歌を詠んでいる。それらを通読して強く印象に残るのは、彼が訪れた名所旧跡よりむしろ、早春から初夏へと移ろいゆく「花の都」京都の季節感である。

上洛をこの時期に定めたのは、京都の桜を観たいという願いがあってのことにまず間違いない。とにかく京都のあちこちに咲き乱れる桜をはじめとした花々を、これが見納めとばかり精力的に見てまわり、それらを詠んだ歌がおびただしく収められている。

西行住居跡があった双林寺《そうりんじ》は見る影もなく零落していた。そこで「跡とめて見れは昔の花もなしあまたの春の名のみ残れる」と、いにしえの人びとが詠んできた幾層もの春を幻視している。

梅から桜の季節になると花見の名所を訪ね、桜が散ると山吹や躑躅《つつじ》、そして藤や杜若《かきつばた》を鑑賞する。春が過ぎると目に鮮やかな青葉を楽しむ。気がつくと時は初夏の夜。「ことはりの花のなかめに暮《くれ》はてゝ思へは月の都成けり」と、今度は月を愛でる。

視覚だけではない。聞こえてくる音も氏真の歌心を刺激する。桜が散り青葉がまぶしくなる頃に耳に入ってきた蛙の鳴き声や、弥生から卯月へと入ろうとする頃に聞いた時鳥《ほととぎす》の初音《はつね》を喜ぶ。氏真の歌には、春という季節に京都にいることの喜びが素直に表現されている。

その意味で氏真は「花の都」からおもてなしを受けたと言っていいだろう。比喩的な表現のように聞こえるかもしれないが、京都の人びとはそうした氏真の心持ちをよく理解し、実際花によって彼をもてなした。彼が訪れることのできなかった「鞍馬のうす桜」や大原野・石清水八幡宮の桜の枝を手折って、わざわざ彼に届けてくれる人もいたのである。氏真はそれに応えるように、一首一首大切に歌を詠んで感謝を捧げている。

氏真の『詠草』を読むと、昔からいまに至るまで変わらず、京都の人びとが花を愛していたことが伝わってくる。人だかりがしているところをのぞいてみれば桜の木が一本だけあって、皆それを見ていたことがわかった。躑躅が咲き誇る丘の麓《ふもと》では、人が集まって一緒に鑑賞している。氏真もそこに混じって「花の都」を実感するのである。

ここまでたびたび「花の都」のことばを出してきたが、氏真が京都で詠んだ二百五十首のうち、このことばを詠み込んだ歌が実に五首も見いだされる。よほど「花の都」に執心していたものと思われる。とりわけ京都を去るというときに後ろ髪を引かれつつ詠んだ次の一首がすばらしい。

忘れぬを家つとにせむ帰るさの花の都の面影の空

家苞《いえづと》とは、家に持ち帰るみやげの意味である（『日本国語大辞典 第二版』小学館）。「花の都」の記憶を手みやげにして帰るとしようか、と名残惜しげに都の空を見あげる姿が目に浮かぶ。京都滞在中には、信長と対面し彼と蹴鞠も楽しんだ氏真だが、そうしたことは『詠草』に一切記さない。ひたすら「花の都」の記憶だけを文字に刻もうとしていることに、逆にいさぎよさをおぼえる。

明智光秀のおもてなし

いっぽうの家久のばあい、桜の季節が過ぎてから入京したせいか、その日記に花の記事はあまり見えない。京都における彼の関心は、もっぱら神社仏閣・名所旧跡や歌枕にあった模様で、氏真に劣らず精力的に洛中洛外を見てまわり、さらに紹巴たちと連歌に興じている。散文ということもあって、氏真の『詠草』にくらべ、人の匂いが濃厚である。

おもてなしという観点から家久の日記を読むと、先に述べた紹巴ら連歌師たちとの交流が印象深い。京都の観光もたいていは紹巴の導きによるものであった。

さらに紹巴は家久を志（滋）賀（近江）へと誘っている。一行が京都を発ち近江に着いたのは五月十四日のことである。紹巴の友である坂本城主・明智光秀が一行の到着を待っていた。着いた日に坂本の城下に泊まったところ、光秀から舟が差しまわされ、琵琶湖を舟で案内された。

翌日は光秀より坂本城への招きを受ける。兄の義久と信長が正式な外交関係を持つのは、この五年後の天正八年のことである。そうしたこともあったのか、信長の重臣たる光秀の招きを受けるかどうか迷っていたところ、光秀自身が城を出て家久たちのもとにやってきて、紹巴もくわえ食事をふるまわれた。茶の湯も勧められたが、家久は不案内なのでとただ湯だけを所望する。光秀を前に気後れしたのだろうか。

その後葦簀《よしず》のなかに琵琶湖の鮒や鯉などを追いこんで捕まえるといった遊興を楽しんだが、光秀自身は、このとき信長が武田攻めのため出陣中であるので（長篠の戦いはこの直後の二十一日のこと）座にくわわることを遠慮したというのも興味深い。ただその後の饗宴からは光秀もふたたび座に戻って、索麺《そうめん》や鯉・鮒などを供し酒を飲み、連歌をはじめている。

このとき紹巴が「四方の風あつまりて涼し一松」という発句を詠み、光秀が「浜辺の千鳥ま

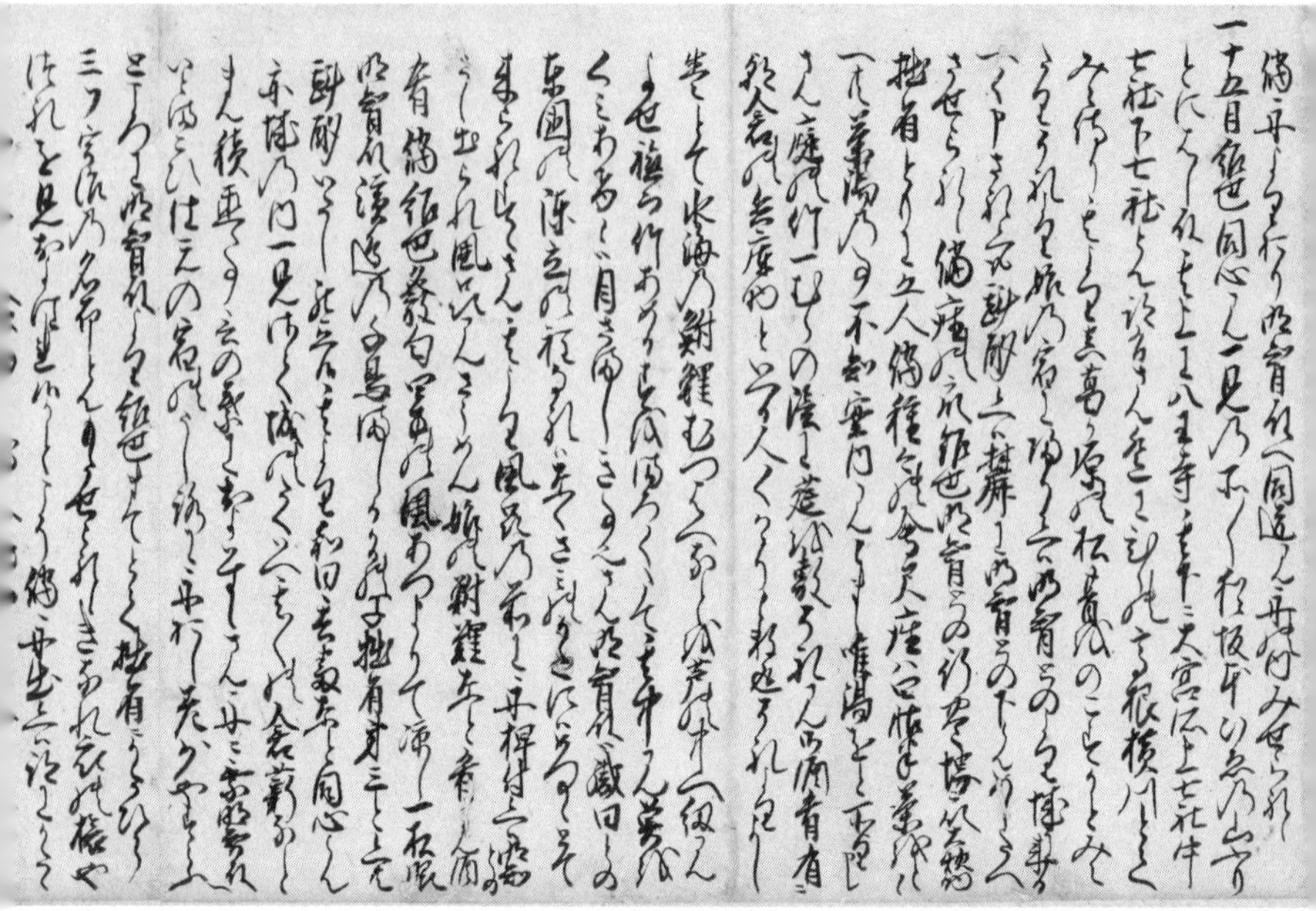

『中務大輔家久公御上京日記』5月15日条
東京大学史料編纂所所蔵　島津家久・里村紹巴ら一行が近江坂本城の明智光秀から歓待を受けた記事。浄書原本とされ、丁寧な筆跡で記されている。

しるかるの子」と脇をつけたあと、家久は第三を求められた。しかしここでも家久は慎み深く辞退してその場を辞去している。何をそこまで遠慮しているのだろう。光秀と一座して連歌を詠むことを憚《はばか》ったのだろうか。

そのあと宿に戻って休憩している紹巴と家久に光秀から届け物があった。宇治の名布でこしらえたという帷子《かたびら》を引出物《ひきでもの》として贈られたのである。家久は「きなれ衣の旅やつれを見およばれ候かとこそ」(着慣れた服が旅のためみすぼらしくなったのに気づかれたか)と自嘲気味に感想を書いている。

出迎えから琵琶湖案内、茶の湯に連歌、饗宴、そして最後の贈り物に至るまで、紹巴・家久一行を迎えた光秀のこまやかな気配りは、彼の友である長岡藤孝(細川幽斎)にも劣らぬ〝おもてなし師〟ぶりを発揮したひと幕と言ってよいかもしれない。前回触れた幽斎にとっての丹後天橋立、今回の光秀にとっての近江琵琶湖、彼らは自領が擁する景勝地をおもてなしのため存分に活用していたのである。

八

巡礼とおもてなし

旅する島津家久

前回紹介した薩摩の武将・島津家久の旅日記『中務大輔家久公御上京日記』には、宿泊先や立ち寄り先で出会った様々な人びととの交流が記されている。今回はこの家久の日記をさらに読みこみ、彼が旅先で受けたおもてなしを見てゆこう。

前回触れた、明智光秀の近江坂本城訪問は、京都における受入先であった連歌師・里村紹巴《じょうは》が光秀と親しく、彼の案内で訪れたため、家久は身分を明かして光秀と対面したものと思われる。しかしこの旅での家久は、伊勢参詣が目的でもあるゆえか、基本的に島津家の御曹司という身分を隠し、巡（順）礼姿に身をやつして行動していたとおぼしい。

そもそも「巡礼」家久一行はどの程度の集団だったのだろうか。京都に滞在してしばらく経った天正三年（一五七五）五月十二日（以下の記事もすべて天正三年）に、「召烈《めしつれ》たる順礼卅人計《ばかり》」が先に出発するので暇乞《いとまごい》をしにきたとある。直後、家久は前述した近江見物に出かけ、京都に戻ってから程なく伊勢参詣に出立し、帰途についている。上洛までは結構な大人数だったようだ。

この時代、地方から伊勢参詣などにやってくる集団の規模はどの程度だったのだろうか。歴史学者・新城常三氏の研究を参照すると、もちろんすべてがすべてそうではなかったにせよ、家久一行のような数十人という規模はとくにめずらしいわけではなかったと思われる（『新稿社寺参詣の社会経済史的研究』塙書房）。

こうした〝数の力〟もあずかってか、あるいは家久の武士としての本性がそうさせたのか、巡礼に身をやつしていながらも、武士の顔をちらりとのぞかせることもあった。筑後蒲池《かまち》（現・福岡県柳川市）にあった関所を通ろうとしたとき、関守が厳しく怒り、無理を言いかけてきたので、召し連れていた者たちが関守に乱暴を働き強引に押し通ったことがあった（二月二十九日条）。

また、近江から京都に戻る帰途、有名な逢坂《おうさか》の関近くに関が設けられており、そこで関東の巡礼衆が留められ「物うけなる」様子でいたのを見かねた家久が、一計を立てて（「拙者校量《きょうりょう》として」）通してやったとか（五月十七日条）、ある川の渡しで渡し賃を取っていたので、家久が当所の支配者（あとで登場する大和多聞山《たもんやま》城の山岡景佐《かげすけ》）からもらった過所《かしょ》（関所・渡などの通交許可書）を見せ、知らない人たちも同行者のふりをして一緒に連れて渡った（六月五日条）などの記事がある。

このような家久のふるまいにある種の清々《すがすが》しさをおぼえるのは、わたしだけではないだろう。武士としての義侠心であろうか。何も書かれていない勧進帳《かんじんちょう》を朗々と読みあげ、大酒を食らい延年の舞を舞いながら主君源義経一行を通そうと必死になって努力する武蔵坊弁慶の姿を思い浮かべてしまった。

家久が受けたおもてなし

いま述べたような武士たる者のたたずまい、気品のようなものは、巡礼姿のうちに隠そうとしても、なかなか隠しきれなかったと見える。

三月二十四日、家久一行は旅の途中厳島《いつくしま》に参詣した。ひととおり島内を見てまわり、次の地に向けて出発したところ、路次にて中村兵庫なる人物が彼らに目をつけ、しきりに自宅に泊まれと誘ってきたので、断りきれずに彼の家に宿泊した。

そのとき兵庫は「此順礼はよしある者」（この巡礼は何か由緒ありげだ）と直感し、家久らに誘いかけてきたらしい。その日は兵庫の知人たちもやってきて夜更けまで宴をした。翌日も兵庫が船を出し、船内でも酒盛りをしながら送ってくれたという。至れり尽くせりの歓待ぶりである。家久を「よしある者」と見破った兵庫の頭に何か別の魂胆があったのかどうか、日記からはただ歓待を受けた様子しかわからない。

巡礼一行に対するおもてなしは、ほかの場所でも散見される。京都滞在中、泉涌寺《せんにゅうじ》を見物した家久は、寺内にあった茶の湯の座敷を見ていたところ、僧から茶をふるまわれた。老僧が静かに「まあ一服」と茶を勧める映像が頭に浮かんでくるようだ。彼らが一服して辞去しようとしたら引き留められ、今度は酒も勧められたという（四月二十八日条）。

伊勢・奈良から京都に戻る途次、宇治を見物したあと、家久一行は、山城の槇嶋《まきしま》にある古田賀兵衛入道玄良なる人物が営む寺に立ち寄った。寺内を見ていると、玄良が「順礼何《いずれ》もたへよかし」と食べ物を勧めてきた。ここからも、家久らが巡礼姿で旅していたことがわかる。

出された物を食べ終えると内に招かれたので、それを辞退し、縁に座っていたところ、主の玄良は「では、わたしは屋内から相伴させてもらいます」と言って今度は酒を勧めてきた。勧められるまま五杯立てつづけに飲んだところ、玄良から褒められてしまったと苦笑交じりに記している。「苦笑交じり」とした箇所の原文は「かた原（腹）いたくこそ」。「五杯程度で褒められるとは」ということだろうか。家久は上戸であったようだ（六月六日条）。

もちろん、巡礼家久一行は立ち寄った先で歓待を受けただけではない。不快な経験も味わっている。

長門《ながと》の山野井村（現・山口県山陽小野田市）に宿泊したあくる朝、天気はあいにくの大雨であった。家久は出発することを躊躇していたところ、膳九郎なる宿の主が憎らしげな（「きひしくにくつら成し」）者であったため、辰刻（午前八時頃）に出発を余儀なくされた。途中の村で雨宿りしたが、そこでも「にくつらなりし」対応を受けたので、雨が上がったら早々に出発したという（三月十七日条）。

また、いま述べた槇嶋の玄良の寺を辞去し京都に向かっていた途中、井戸があったので水を飲ませてもらおうとしたところ、主《あるじ》から酌を奪い取られた。家久は、水さえ惜しむ餓鬼の心だ、

国宝　上杉本洛中洛外図屏風（部分）　右隻第六扇　米沢市上杉博物館所蔵　京都の北部に位置する糺の森にある神社（下鴨神社か）に、これから鳥居をくぐって入ろうとしている巡礼2人。家久たちもこのような姿で旅していたのだろうか。

と溜息をつく。六月六日、家久は歓待と冷遇、天国と地獄のもてなしを味わったことになる。

遍路の接待

巡礼に対するおもてなしで思い浮かぶのは、四国八十八箇所の霊場を参拝する、いわゆる「お遍路さん」である。

共同体の外からやってきた者を歓待する慣行の存在は、民俗学者・折口信夫《しのぶ》のまれびと論を引き合いに出すまでもなく、巡礼者に対し、路次の人びとが食事や休息場所の提供などによって歓待する習俗もまた、世界各地に見える慣行である。四国遍路にもそれが見られ、とりわけ「お接待」というおもてなし慣行が特徴的であると宗教人類学者の星野英紀氏・浅川泰宏氏は指摘する(『四国遍路』吉川弘文館)。

ここでいう「お接待」とは、一般的な「おもてなし」を意味するのではなく、四国遍路特有の巡礼者歓待習俗のことである。浅川氏によれば、その名のもとに、金銭や飲食物など物品にとどまらず、散髪・按摩《あんま》・鍼灸《しんきゅう》といったサービスや宿泊場所提供もなされるという。

遍路への「お接待」はこれだけにとどまらない。さらに興味深いのは、「接待講」と称する集団によるおもてなしが見られることである。

文化地理学者の森正人氏によれば、講に属する家々が毎月定額のお金を拠出し、それらを集めて巡礼者への大規模なふるまいをおこなったそうだ(『四国遍路』中公新書)。この講は、海を渡った和歌山や岡山・広島・大分などにも存在し、毎年遍路をもてなすために講員が「接待船」を仕立てて四国にやってくるという。

おもてなしとは、普通に考えれば、自分のところにやってくる客を歓待することだろう。ところが「お接待」の精神は、そんな考えをはるかに飛び越えてしまう。おもてなしをするため、もてなすべき相手のところまでわざわざ自分が移動してゆくのである。これぞ究極のおもてなしと言わず何と言おう。

ここまでして人びとが「お接待」に情熱を傾けるのはなぜなのだろうか。

星野氏や森氏はこう指摘する。巡礼者を歓待することは空海を歓待することに等しく、巡礼者を歓待することがわが身の功徳《くどく》になると考えられていたからだ、と。それを考えれば、厳島で出会った中村兵庫や、泉涌寺の僧侶、槇嶋の古田玄良らが、家久一行を戸惑わせるほどの歓待ぶりを示したのもわかる気がする。

もちろんいっぽうで、彼らよそ者を排除しようとする動きがあったことも忘れてはいけない。遍路の研究でもそのことは指摘されているし、現に家久らがいつも気分よく旅していたわけではないのは、前述のとおりである。伊勢を目ざす巡礼者目当てに関を多く設け、彼らからなけなしの路銭をせしめようという輩も、たしかにいたのである。

多聞山城見物の不思議

家久は、伊勢から京都に帰る途中、大和に立ち寄った。そこで興味深い体験をしている。

天正三年当時、大和は織田信長の支配下に入っていたが、それまではかつて三好氏の重臣で、畿内に勢威をふるっていた松永久秀が、多聞山城（現・奈良市）を拠点として奈良の町ににら

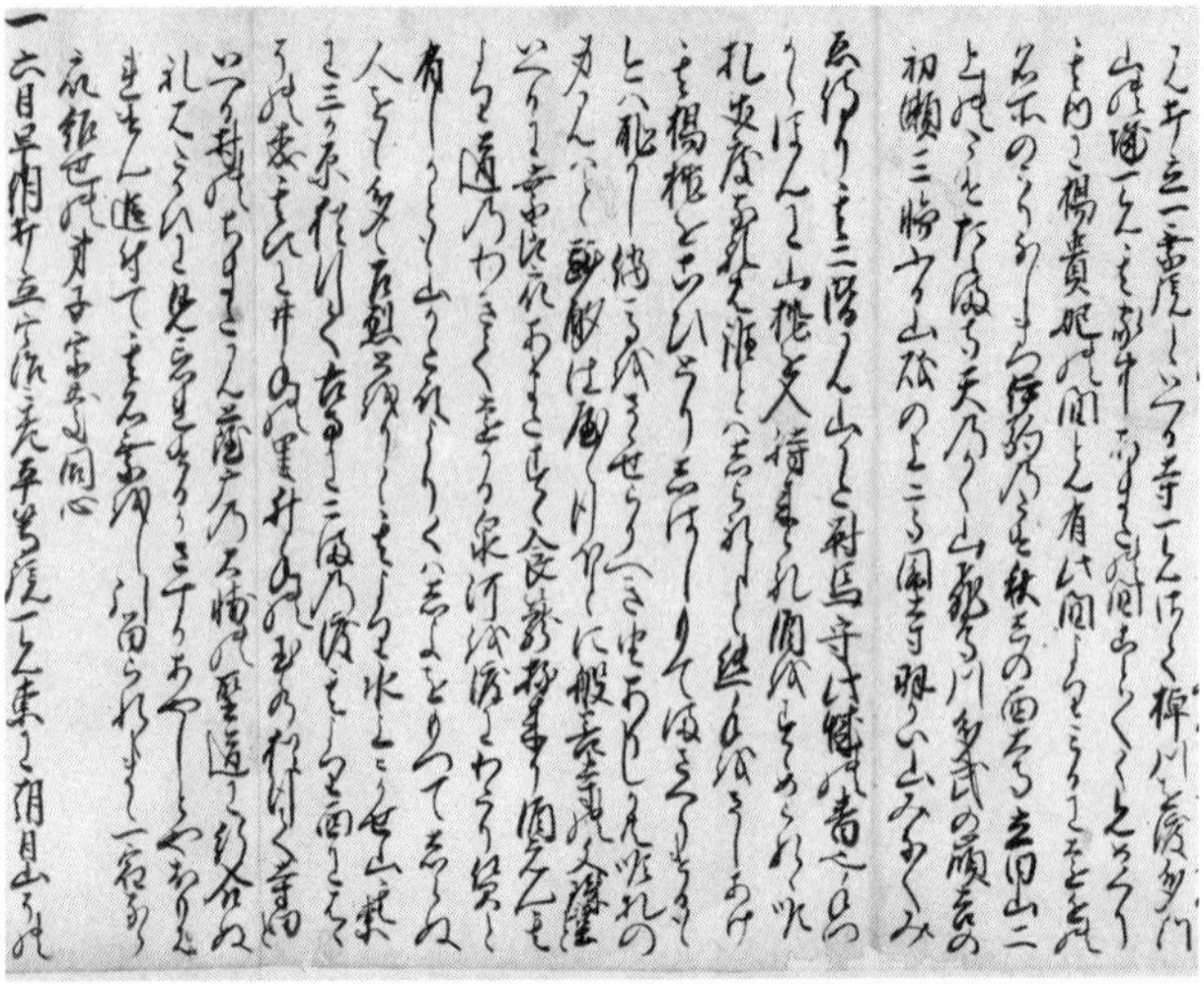

『中務大輔家久公御上京日記』6月5日条　東京大学史料編纂所所蔵　▼で示した行以下に、次頁で触れた山岡景佐が家久一行をもてなしたときの記述がある。

みをきかせていた。しかし久秀は信長の力に押され、天正元年十二月に多聞山城を明け渡し、降伏する。

多聞山城は、信長の安土城に先がけ壮麗な天守閣や四層の多聞櫓《やぐら》などを構えた、近世城郭の発祥とされる山城である。イエズス会修道士ルイス・デ・アルメイダも、「日本中で最良最美の城の一つ」と賞した（『フロイス日本史3』第二十一章、中央公論社）。信長が多聞山城を接収した直後は、光秀・長岡藤孝（細川幽斎）・柴田勝家ら重臣たちが月替わりで城番として滞在し、同二年四月以降は山岡景佐・嶋田秀満の二人が留守居であったらしい（『興福寺官符衆徒集会引付』）。

その多聞山城を家久一行が訪れ、見物した。家久の日記（六月五日条）によれば、城内の数多くの部屋をめぐったところ、なかに「楊貴妃の間」と呼ばれる一室があった。アルメイダが「壁は、日本とシナの古い歴史（物語）を描いたもので飾られ」とした部屋のひとつだろう。そこからは、生駒・秋篠・西大寺・立田山・二上《にじょう》山・当麻寺《たいまでら》・天香具《あまのかぐ》山・飛鳥川・多武嶺《とうのみね》・吉野・初瀬（長谷）・三輪山・石上など大和の名所が見渡せたという。

この楊貴妃の間は二層にあったのだろうか、彼らが景色を眺めていると、城番「山かた対馬守」（これが山岡対馬守景佐のことだろう）がみずからお盆に山桃を盛って酒を勧めてきた（前頁図版）。家久は「順礼支度なれば誰とはしられしと」（巡礼姿なので誰か悟られることはあるまいと）差し出された山桃に手を出して、しばらくそれをもてあそんでいたという。日記では、そんな自分のふるまいを「今は恥かし」と書いている。巡礼のふりをしたことを恥じているのである。そのあと景佐から帰りに馬を提供しようという申し出があったけれども、巡礼なので辞退している。

この家久らの多聞山城見物記事を読んで不思議なのは、まるで現在の観光名所である城跡に建てられた天守閣のように、彼らが自由に城内に入り、しかもなかのひと間から外の景色を眺め楽しんでいることである。一般公開というとあまりに現代的だが、当時の多聞山城の警備体制はどうなっていたのだろう。巡礼だから許されたのだろうか。

さらに、いまで言えば〝天守閣の館長さん〟である山岡景佐が見物者たちに自ら酒食を勧めに来ているのも面白い。景佐はいつもこんなふうに見物者たちを迎えていたのだろうか。想像は尽きない。謎が謎を呼ぶおもてなし風景である。

最後に家久たちに馬を貸そうとしている（「帰りのタクシーを呼んであげる」ようなものか）ところを見ると、ひょっとしたら景佐も、厳島の中村兵庫同様、家久を「よしある者」と見抜いていたのかもしれない。だとすれば、巡礼のふりをした家久の演技はいっそう恥ずかしさを増す。家久が勘づかずよかったと思う。もしこれを知ったら、さぞかし強い自己嫌悪に陥ったのではあるまいか。

第三章　天下人のおもてなしと贈答

九

信長のおもてなし

もてなし上手・織田信長

二〇一五年、岐阜市の提案したテーマ「『信長公のおもてなし』が息づく戦国城下町・岐阜」が文化庁から「日本遺産」に認定された。岐阜市が「信長公のおもてなし」を看板に掲げ、それが認められるほどに、織田信長はおもてなしに長けていた。第二章の六・七で長岡藤孝（細川幽斎）や明智光秀を〝おもてなし師〟と呼んでみたが、実は彼らの主君・信長こそ、それに輪をかけたもてなし上手であったのである。

おもてなしの効果が最大限に発揮される場面は、異域・異国や異文化社会からやってくる人びとを迎えるときにある。オリンピックをはじめとしたスポーツの世界大会や万国博覧会、政治では主要国首脳会議（サミット）などのとき、ホスト国がたいへんな努力をして準備し、迎えている様子を見るとそれがよくわかる。戦国の世でそうした効果をはっきりと理解していた人間が信長だった。いよいよ真打ち登場といった感があるが、今回は信長のおもてなしを見てゆこう。

外からやってくる人をもてなすときの基本のひとつは、その地ならではの趣向である。以前見た藤孝の天橋立《あまのはしだて》や光秀の琵琶湖は、彼らの支配地が擁する観光名所であった(第二章の六、七)。信長が安土に移る以前、永禄十年（一五六七）から天正三年（一五七五）まで居城とした岐阜にも、それらに劣らぬ名所があった。岐阜城のある金華山《きんかさん》の麓を流れる長良川《ながらがわ》である。

信長が足利義昭を擁して上洛を企てる数カ月前にあたる永禄十一年六月、武田信玄の使者として、彼の家臣である信濃飯田城代・秋山虎繁《とらしげ》が岐阜を訪れた。この頃は信長と信玄はまだ敵対関係にはなく、むしろ婚姻によるむすびつきを模索するなど強い同盟関係にあった。信長が虎繁をもてなした様子は、後年武田家の関係者が執筆した兵書『甲陽軍鑑《こうようぐんかん》』に描かれている。

虎繁には「七五三の御振舞」(本膳に七菜、二の膳に五菜、三の膳に三菜を出す本式の饗応）がなされた。初日には七度の盃のおりにいずれも引出物が贈られ、三日目には梅若大夫による能が披露された。その後は「岐阜の川にて鵜匠《うしょう》をあつめ、鵜をつかはせ、伯耆守《ほうきのかみ》（虎繁）に見せ給ふ」と、長良川における鵜飼を虎繁に披露したのである。信長は虎繁が乗った舟でも鵜飼を実演させたという。

『甲陽軍鑑』は後世に書かれた書物だから、そこに書いてあることをそのまま鵜呑みにはできないものの、虎繁は実際に武田家と織田家の外交を担当した人物であることが当時の古文書からわかるので、そのようなことがあったかもしれないと推測することはできる。岐阜市が提案した「日本遺産」のなかで、この記事にもとづいた信長による鵜飼披露が大きく取りあげられている。

信長の〝お持たせ〟と献立

もうひとつ、信長のおもてなしとして岐阜市が注目しているのは、堺の茶人・津田宗及《そうぎゅう》に対するおもてなしである。宗及は天正二年正月から二月にかけ、岐阜を訪れて信長に面会した。『天王寺屋会記』（宗及他会記）によれば、宗及は正月二十八日に岐阜に到着した。二月一日になって信長の家臣・塙《はのう》直政を通し、宗及が見たことのない道具を書き立てなさいという命があり、宗及は以前見たことがある道具を書き立てて上申した。なるほど信長がどんな茶道具を持っているのか、所持品目録を目の前にでもしないかぎり見たことのない道具を挙げるのはむずかしいから、宗及は見た道具を書き立てたのだろう。翌二日に、宗及が見たことのない道具の目録が信長から示され、三日に宗及一人を招いての茶会が開かれた。

そこに並べられた茶道具をいちいち紹介はしないが、信長が所有する蕪無《かぶらなし》と呼ばれる名物花入（『山上宗二記』によれば本能寺の変で焼失）に柳一枝が生けられ、それが前日宗及から信長に贈られた桂漿《けいしょう》（堆朱・堆黒の一種）の盆の上に置かれて出されていたことが書きとめられている。

岐阜市はこの趣向を、「宗及が見たこともない名品の数々に宗及旧蔵品を並べるという、信長なりの『おもてなし』の演出」（『国史跡　岐阜城跡』）とするが、まさしくそのとおりであろう。見たことのない名物茶道具を見せるだけでなく、相手から貰ったばかりの贈り物を巧みに組み合わせて見せることによって、客への敬意を表すとともに、客の自尊心をくすぐるのである。客が持ってきたお菓子などの手土産をその客の前で供して接待する、いわゆる〝お持たせ〟の精神に通じる。

この〝お持たせ〟というもてなし方は日本以外の国でもあるのだろうか。ないはずはないと思うが、とすればお客にどのような言い方をして、いただいた手土産を供するのだろうか。たとえそうした接客が海外にあったとしても、これに〝お持たせ〟という特別なことばを用いて表現したわが国のおもてなし文化の細やかさに感じ入るしかない。

さて、宗及はこの茶会のときに出された料理の献立についても詳しく記録している。三膳が出され、一膳目には信長の甥・織田信澄《のぶすみ》が、二膳目には二男の信雄《のぶかつ》が、三膳目には信長自身が給仕をして、ご飯のおかわりをよそってあげる歓待ぶりである。岐阜市ではこのとき宗及に供された料理を『天王寺屋会記』をもとに復元している（次頁写真）。これがこの当時におけるもっとも上等な饗応の膳だと思ってもらえばいいだろう。

信長のお城自慢

宗及は岐阜城だけでなく、安土城にも何度か足を運んでいる。そしてその都度信長から歓迎された。『天王寺屋会記』（宗及他会記）からそのときの様子を拾ってみると、天正六年正月十二日には、御殿や天主（いわゆる天守閣）を直接案内され、「黄金を見せよう」と言われ、金《きん》子《す》一万枚を見せられたという。翌七年正月十一日にも天主を直接案内された。宗及は「御殿守

信長料理復元模型　岐阜市歴史博物館所蔵　料理復元＝学校法人茶屋四郎次郎記念学園　中島範・竪山翠・和田恵美子　本文で触れた、天正2年2月3日に信長が津田宗及を招いた茶会で出された献立の復元模型。『天王寺屋会記』に記された献立が具体的なため、このようなかたちでの復元が可能なのである。

七重、その外様躰《ようてい》なかなか筆に暢《の》べがたきなり」と安土城天主の豪華さに舌を巻いている。

さらに翌八年九月十九日にも「お城残らず見物仕《つかまつ》り」、鴈《かり》と柿を手土産に拝領した。これは宗及にかぎらず、地方から信長に挨拶にやってくる諸大名の使者に対しても同様であった。天正七年七月に、遠く陸奥《むつ》と出羽《でわ》から鷹を進上しにやってきた遠野孫次郎と前田薩摩というふたりに対しても、まず側近の堀秀政に対して饗応を申しつけ、その後天主の見物をさせている（『信長記』巻十二）。とにかく信長は自身が建てた安土城がお気に入りで、初めてそれを見る人たちの驚く顔が見たくてたまらなかったようだ。

この信長の性癖は、亡くなった年でもある天正十年正月に遺憾なく発揮される。『信長記』巻十五によれば、「隣国の大名・小名、御連枝《ごれんし》の御衆」が正月、安土城に参上した。彼らは城の搦手《からめて》にあたる百々橋《どどばし》から摠見寺を通ってきた。あまりに大勢であったため、石垣が崩れて死者が出たほどだったという。

信長はあらかじめ参礼の衆に御礼銭を一人百文ずつ持参せよと命じていた。彼らに天主下の御殿を案内し、そこにある「御幸《みゆき》の間」（天皇の行幸を迎えるために設えられた部屋）を見せた。その後、見学前に彼らが控えていた白州《しらす》に戻ったとき、御台所口《おだいどころ》に集まりなさいとお達しが出て、信長自身が御厩《うまや》の口に立って彼らから礼銭百文を受け取り、後ろに投げ入れたという。お正月の初詣のとき社頭にお賽銭を投げ入れる風景を頭に思い浮かべる。ただこの場合、賽銭受け取り役がいて、それが信長本人というわけである。「入場料を取って安土城を見せた」という話としてよく知られた挿話である。

このときの参礼衆には宗及も混じっていた（『天王寺屋会記』）。宗及は、「鳥目十疋《ちょうもくじっぴき》（銭百文）ずつおのおの持参仕り、直にお手へとらせられ候て、忝《かたじけな》き次第なり」と記している。またこのできごとは奈良興福寺の僧侶・釈迦院寛尊《かんそん》の耳にまで届いていた（『蓮成院記録』）。

ところで信長が天主を案内し、なかに納めた黄金を見せたということでは、細川家が江戸時代前期に編んだ父祖・藤孝（幽斎）の伝記のなかで、こんな挿話を伝えている。

ある日藤孝が信長に従って安土城の天主へ案内された。梯子《はしご》の上に立った藤孝は、黄金が積み重なっている様子を見て、「さてさて夥《おびただ》しきことかな」と感嘆の声をあげた。これに信長が「八幡金三千枚もった」と答えたところ、藤孝は「あやかりまするように」とその黄金に手を出そうとした。すると信長は「いらうまいぞあつや坊」と一喝したという（次頁図版）。

室町時代に「いらう」とは「いじる」という意味があった（小林賢次『中世語彙語史論考』）。

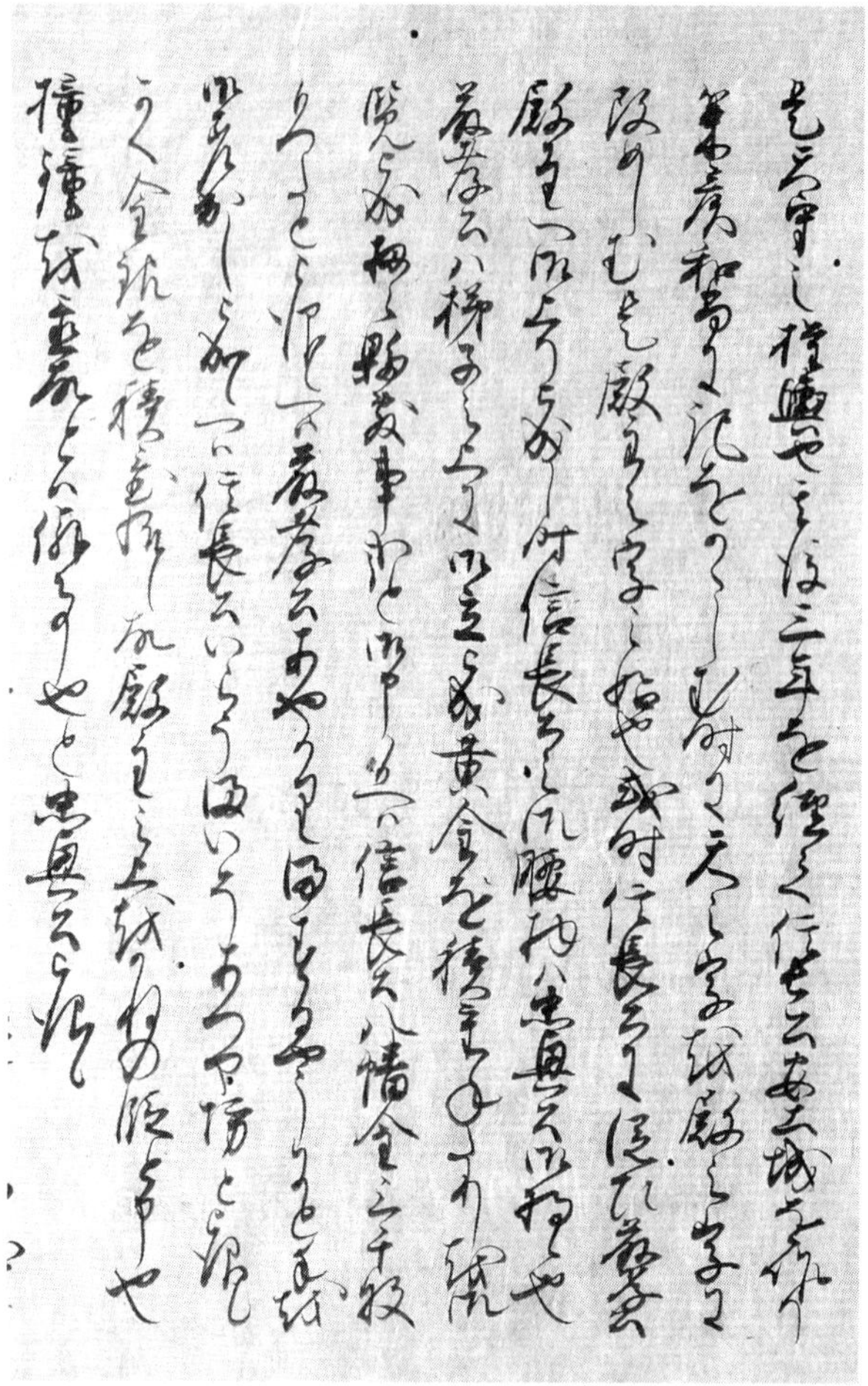

『藤孝公譜』　熊本県立美術館所蔵　画像撮影＝東京大学史料編纂所　熊本藩細川家の家譜『綿考輯録（めんこうしゅうろく）』が編まれる以前、支藩の宇土藩で編まれたとみられる家譜。『綿考輯録』にない挿話があるのが特徴で、本文で触れた安土城天主の話もそのひとつである。

和田裕弘氏のご教示による)。「勝手に触るな」ということだと思うが、藤孝がふざけて触ろうとし、信長も本気で怒っているわけでなく半ば笑いながら注意している場面が浮かぶ。おもてなしの枠を知る主従がじゃれ合っているかのようである。「あつや坊」とは何を意味するのか。「このいたずら小僧め」のような意味の、当時の人ならわかる固有名詞だと考えられるが、どうもよくわからない。博雅の士のご教示を待ちたい。

究極の「驚かせ」

おもてなしの二本柱として、「過剰」と「驚かせ《サプライズ》」があると考えている。詳しくは第四章の十四で述べるが、このうち「驚かせ」の例として、信長が自慢の安土城を道具に使った究極のおもてなしがある。

天正九年、イエズス会の巡察師であったアレッサンドロ・ヴァリニャーノの一行が安土を訪問した。巡察師というのは、イエズス会総長から派遣された極東地域の布教区域視察のための特命使節である。一行が安土に到着すると、やはり信長は城をひととおり案内している。外側から内部まで、見てまわる順番もいちいち指示し、自身も何度か顔を出すほどの念の入れようであった。帰りには干柿を手土産に持たせている。

彼らが安土にやってきたのは七月、ちょうど盂蘭盆《うらぼん》を迎えようとしていた頃であった。迎え火を焚き祖先の霊を家に迎え入れ、数日後、送り火によってそれを送る年中行事である。ヴァリニャーノが安土を辞去するため信長のもとへ挨拶に出向いたところ、信長は彼を押しとどめ、理由も告げずに十日ものあいだ出立するのを待ってもらったという。そこまでして信長がヴァリニャーノに見せたかったのは何なのか。ここからは宣教師ルイス・フロイスの筆に任せよう。

例年ならば家臣たちはすべて各自の家の前で火を焚き、信長の城では何も焚かない習わしであったが、同夜はまったく反対のことが行なわれた。すなわち信長は、いかなる家臣も家の前で火を焚くことを禁じ、彼だけが、色とりどりの豪華な美しい提燈《ちょうちん》で上の天守閣を飾らせた。七階層を取り巻く縁側のこととて、それは高く聳《そび》え立ち、無数の提燈の群は、まるで上（空）で燃えているように見え、鮮やかな景観を呈していた。（『フロイス日本史5』第五十三章、中央公論社）

つまりはお城のライトアップである。城下の家々の明かりをすべて禁じ、城だけを輝かせる仕掛けであった。さらに『信長記』巻十四には、このとき家臣たちが松明《たいまつ》を持って舟に乗り琵琶湖に漕ぎ出し、その明かりが湖面に映って「言語道断面白き有様《ありさま》」であったとある。自慢の城をおもてなしの「驚かせ」として効果的に用いてみたい、信長にはそんな想像力・創造力があった。

二〇一五年に岐阜で「日本遺産」認定記念の催しがあり、招かれて講演をしたとき、この安土城ライトアップに岐阜が対抗するためには、岐阜城へ登るロープウェイのロープに電飾を取りつけて見せることではないかと提案してみた。これは荒唐無稽な与太話と受けとめられたか、笑っていなされたのはちょっぴり残念だった。でもよくよく想像してみると、信長による安土城ライトアップの迫力には到底およばないかもしれないと納得した次第である。

十

信長をもてなす

信長は大げさなもてなしが嫌い？

前回、織田信長のおもてなしについて述べたが、今回は逆に、信長がもてなされた様子を見てゆきたい。人をもてなすことが好きで、様々な趣向を凝らした信長に対するおもてなしは、さぞやたいへんだったのではないかと察せられるのである。

ところがそのような観点で史料を探してみると、信長が人をもてなした事例にくらべてさほど多くないことに気づかされる。どうやら信長は、もてなすことは大好きだけれど、もてなされることへの興味が薄かったようなのである。このような言い方は正確ではないかもしれない。彼は大々的に（大げさに）もてなされるようなことを好まなかった。

第一章の一でも触れたが、室町将軍が家臣の邸宅におもむく御成《おなり》は、おもてなしの最高級の儀礼である。室町将軍を京都から逐《お》って天下人の立場となった信長は、そのような儀式ばった御成をしたことはなかった。したがって信長を迎えた饗宴を記録したような「御成記」は残されていない。豊臣秀吉は諸大名の邸宅に御成をおこない、いくつか「御成記」が残されているから、信長が御成を避けていたことが際立つ。

天下人ともなれば、正月や節句・八朔《はっさく》（八月一日）のような季節の節目や、お祝い事など機会があるたびに周囲の人びとが礼に訪れる。また、信長が岐阜や安土から京都にやってくるたび公家衆がこぞって挨拶に来た。たとえば天正四年（一五七六）四月二十九日に上洛してきた信長に対し、公家衆が参礼するものの、その日は対面を断られた。翌五月一日にあらためて公家衆五十余人が宿所である妙覚寺《みょうかくじ》におもむいたが、この日も「労煩《ろうはん》」を理由に対面がなかった。右は公家・山科言継《やましなときつぐ》の日記『言継卿記《きょうき》』による。彼の子息言経《ときつね》の日記『言経卿記』では、理由を「草臥《くたびれ》云々」と書いている。結局信長は翌二日に、訪れた八十余人の挨拶を受けたが、「労煩」にせよ「草臥」にせよ、平たく言えば〝面倒くさい〟ということなのではあるまいか。

もちろん、もてなされること自体をまったく嫌っていたわけではない。おなじ天正四年の六月四日には、堺の茶人・津田宗及《そうぎゅう》が茶会にて信長をもてなしている。食事は五の膳まで出され、本膳のしつらえは「だみ」た、つまり金泥《きんでい》・銀泥などできらびやかに彩られ、桐や唐草の文様をあしらった豪奢なものであった（『天王寺屋会記』宗及自会記）。これらは以前も見たように信長好みであったのである。

儀式ばった堅苦しい饗宴を好まなかった信長の嗜好ということで思い出されるのは、本能寺の変直前の逸話である。武田氏を討ったお祝いに安土を訪れた徳川家康をもてなすため、明智光秀が接待役を命ぜられた。このときに何か不測の事態が起こり（光秀が信長から足蹴にされる）、それが光秀謀叛《むほん》の一因となったのではないかというのが、後世の人びとの推測するところであったのである。

そうした推測を記す物語のひとつに、幕末から明治にかけて編まれた『真書太閤記《しんしょたいこうき》』がある（第六編巻二、博文館帝国文庫版）。そこでは光秀の贅を尽くした饗応ぶりが信長の癇《かん》に障ったとある。信長はその経費のかけ過ぎにまず腹を立て、さらに「光秀が支度は将軍家の御成の式と全く同し」と、もてなす相手である家康の身分と不釣り合いな手厚い待遇に激怒したのだという。ここでは「将軍家の御成」が負の評価をあたえられてしまっている。結果的に光秀は接待役を解かれてしまう。

これは昔から言われていた取るに足らない俗説のひとつに過ぎないものの、ここまで光秀の〝おもてなし師〟ぶりを見てきたわたしたちにとって、その自尊心を傷つけられたことが案外謀叛につながったのでないかと、たわむれに考えたくもなる。

犬のもてなし

戦国時代のおもてなしを知るため、「御成記」や「茶会記」、そのほか日記など様々な史料を用いてきた。今回、信長がもてなされている様子を知るための史料として新たに見てみたいのは、「算用状《さんようじょう》」と呼ばれる史料である。

算用状とは要するに会計帳簿であり、会社組織で言えば収支決算報告書、家庭で言えば家計簿にあたるようなものである。こうした帳簿が、分析の仕方によっては人間の暮らしを知る糸口となり、ひいては歴史を知るための絶好の史料となることは、映画化もされて話題になった歴史家・磯田道史《みちふみ》氏の『武士の家計簿』（新潮新書）からもわかるだろう。

磯田氏の著書の場合、江戸時代の武士の家で綴られた家計簿が対象であったが、中世では、たとえば東寺のような寺院や神社において、所領の荘園から納められる年貢とその使い道について事細かにつけられた算用状がおびただしく作成された。

とりわけここでは、京都の賀茂別雷神社《かもわけいかづち》（上賀茂神社）において作成された算用状に注目したい。同社には、信長・秀吉の時代をはさんだ時期に、ほぼ毎月にわたって作成された算用状が約千五百点残されている（『賀茂別雷神社文書』）。作成主体は、神社を構成する氏人《うじびと》と呼ばれる集団であり、毎年そこから選ばれた評定衆《ひょうじょうしゅう》という役員たちが、神事に代表される神社の儀礼や政治権力への接触などに支出した項目を細かく記している。このなかに、信長や秀吉、および彼らの家臣たちに対する付け届けや接待費などが見え、神社が誰のどのような機会に気を遣っていたのかがわかる。さらに算用状を見ると、これまで知られていなかった信長の行動がわかることもある。

たとえば天正二年、毎年五月五日に上賀茂神社でもよおされる賀茂競馬《くらべうま》に、信長は愛馬十頭を出走させたことが知られている（『信長記』巻七）。ところが同社の算用状を見ると、これに先だって一日にもよおされる足汰《あしぞろえ》という試走の儀式に、信長自身も見物にきていたことがわかるのである。毎月恒例の算用状とは別に、神社にやってきた信長をもてなすため別立てで組まれた特別会計を報告した「信長御見物に就き職中《しきちゅう》算用状」にもてなしの様子が記されている。それによれば、饅頭百・鯛五枚・鯣《するめ》四連・ふか（鱶）二本・ふく（河豚）七枚・からすみ（鱲）一連・鮒鮨《ふなずし》四献などの食べ物が用意され、三方の膳二膳、二の足打膳《あしうち》・三の足打膳各五膳が誂えられた。また四月二十九日から当日一日まで、見物のための桟敷設営がなされ、その作業にあたった大工たちに昼夜の食事と酒が供されたことも明らかになる（詳しくは拙著『記憶の歴史学』講談社を参照）。

現在もその雰囲気を濃く残しているが、上賀茂神社周辺は深い山林が広がり、信長は鷹狩りのため何度かここを訪れている。天正七年二月・三月にも鷹狩りのため神社付近にやってきており、神社では信長をもてなすため、このときもまた特別会計を組んで饗応にあたった（「天正七年二月廿八日御《お》鷹山《たかやま》之時職中算用状」）。そこでは餅・饅頭・串柿・枝柿などが準備されている。

信長が鷹狩りをおこなう場所を検分するため、鷹の飼育に携わっていた従者たちが同社を訪れることもあったようである。天正七年十月の算用状によれば、九月晦日「上様（信長）餌指《えさし》来時夕食七人の分」として一斗三升四合（支出した経費は米換算で表記されている）が、翌十月一日には朝飯四人分として一斗が計上されている。餌指とは、鷹狩りに使う鷹や犬の餌を用意

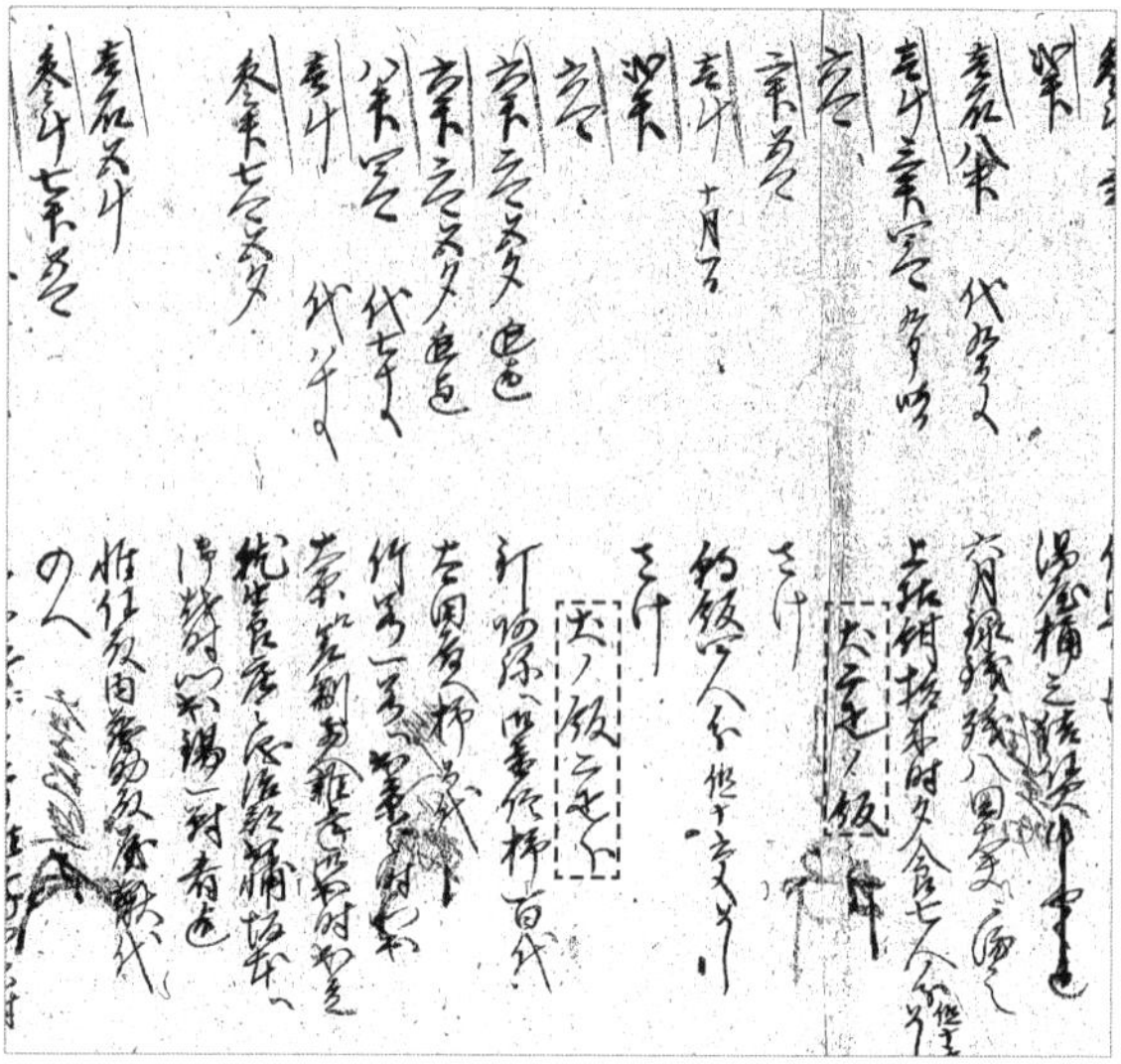

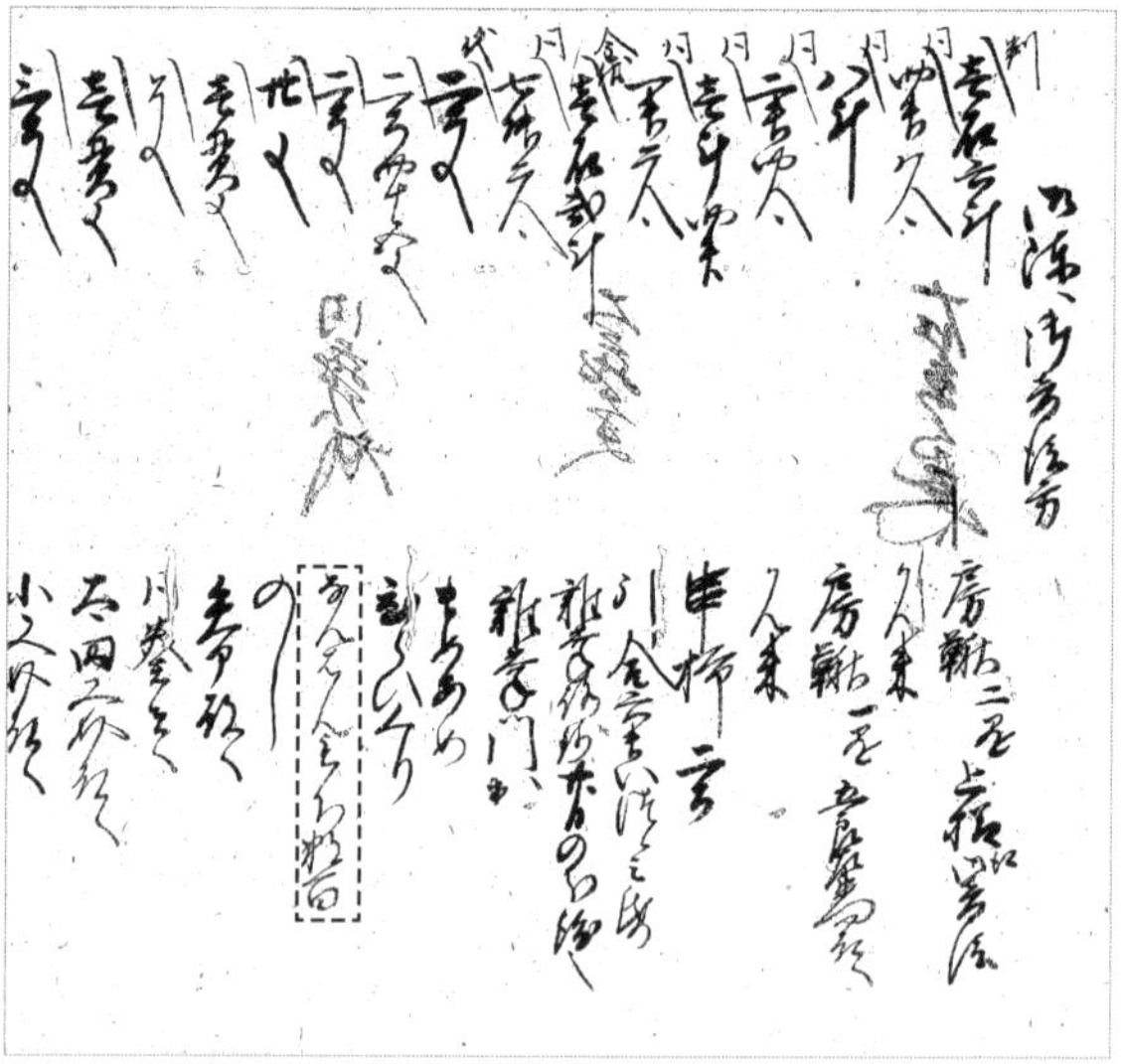

『賀茂別雷神社文書』賀茂別雷神社所蔵　（上）天正7年10月分職中算用状（下）天正10年3月分職中算用状

上図の点線で囲った2カ所が犬の飯の用意。ひとつ目の囲いの右には「上様餌指来時」と記してある。

下図の点線で囲った部分は「なんはんもち 数百」とある。ひとつ前が「ひらひくり」、その前が「まめあめ」。

する人びとをいう。彼らは神社に一泊し、鷹狩りの場所を見てまわったのだろうか。

面白いのは、九月晦日・十月一日それぞれに「犬二疋ノ飯」「犬ノ飯二疋分」各六合も計上されていることだ（前頁上図版）。餌指たちが連れていた二匹の犬たちにもきちんと二食分の餌を提供し、帳簿につけているわけである。信長の鷹狩りのためであるから、犬もおろそかにできなかった。ただ、算用状を見れば、犬の項目だけ頭を下げて記入されており、そこに人間としての矜持がうかがえるだろうか。

信長の南蛮好み

以下はおもてなしというより贈り物の話になるが、上賀茂神社の算用状をさらに見てゆくと、彼らが信長に対して贈った物のなかに興味深い品がある。

天正十年三月、武田氏を討った祝儀として、上賀茂神社は信長に対して贈り物をした（「天正十年三月分職中算用状」）。それを並べてみると、房鞦《ふさしりがい》という馬につける飾りをふたつ（一石六斗）、串柿二百（一斗四升）、まめあめ（二百文）、ひらひくり（平干栗か。遠藤珠紀氏のご教示による。二百四十五文）、なんはんもち数百（二百文）とある（前頁下図版）。米換算ではなく銭立てで表記されている物は、あるいは市販されている商品を購入したのかもしれない。最後の「なんはんもち」とは「南蛮餅」なのだろう。前後の算用状を見るかぎり登場しない、このときの算用状に特徴的な一品である。

南蛮餅を『日本国語大辞典 第二版』（小学館）で調べてみると、次のようにある。

> 餅の一種。むした餅米にくるみを混ぜてつき、小さくまるめて水あめをまぶし、まわりに砂糖で煮た青えんどうをつけたもの。

これは『鼎左秘録《ていさひろく》』という幕末に刊行された南蛮料理書に見える南蛮餅の製法によると思われる（岡美穂子氏のご教示による。以下の記述も同氏のご教示を得た）。いっぽう江戸時代初期に

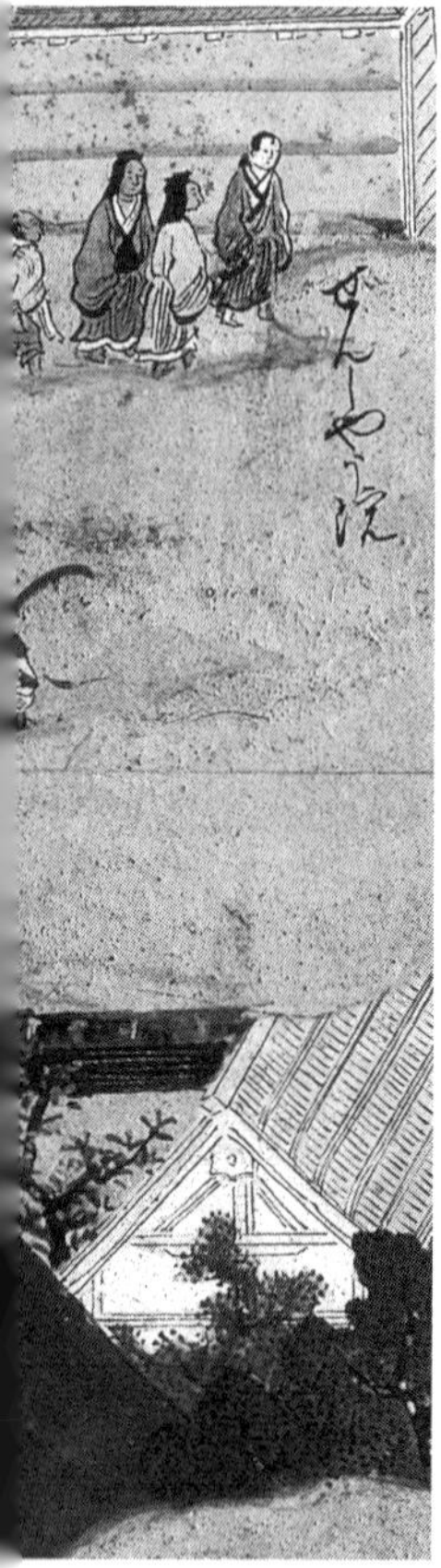

国宝　上杉本洛中洛外図屏風（部分）　左隻第二扇　米沢市上杉博物館所蔵　鷹狩りを終えて帰途につく武士の一行。図中央の、葦毛馬に乗って左手に鷹を据えている武士が主人だろうか。その左後ろにいる従者が獲物を持っている。一行の先頭には犬を連れた従者がいる。

成立した『南蛮料理書』（『鼎左秘録』とともに東洋文庫『近世菓子製法書集成二』平凡社所収）には、

一なんはん餅の事

麦のこ、くろ砂糖、くすのこ、少入、こねて、むして、切申なり。口伝有之。（小麦粉、黒砂糖、葛粉を少し入れてこねる。蒸して、切る。口伝がある。）

とあって、こちらも蒸して作る棹物らしいが、上賀茂神社の算用状に登場する南蛮餅は、時代的に考えればこちらのほうが近いのかもしれない。百個で二百文、つまり一個二文。このようなわりきれる値段になっているところを見ると、これらは「南蛮餅」という名で商品化され、一個ずつ販売されていたと考えてよいのではないか。

ちなみに、上賀茂神社の算用状に出てくるほかの菓子類の価格と比較すれば、饅頭は一個三文（「天正十七年六月分四番衆算用状」）、薄皮饅頭は一個四文（「天正十八年五月分一番衆算用状」）で購入されているから、「南蛮」とあることによって付加価値がつき高価であるというわけではない。むしろ饅頭より廉価なのである。餅と饅頭の違いなのだろうか。

後世のわたしたちは信長の南蛮好みをよく知っているが、当時の人びとにとってもそれは有名だったのだろう。イエズス会巡察師のアレッサンドロ・ヴァリニャーノが日本人との付き合いにおいて注意すべきことをまとめた『日本イエズス会士礼法指針』（キリシタン文化研究会『キリシタン文化研究シリーズ5』）には、滞在する土地の領主に対する贈り物として、「信長並びに豊後《ぶんご》の王にしているように、南蛮風の何かを贈る」とよいとある。信長には南蛮風の何かを贈っておけば喜ばれる、そんな考え方があったのかもしれない。

上賀茂神社の氏人たちは、洛中に「南蛮餅」と称する食べ物が売られていることを知った。そこでさっそく買い求め、合戦勝利の祝儀として贈った。『南蛮料理書』にあるものと同一ではないかもしれないが、上賀茂神社の算用状は、信長の時代からすでに「南蛮餅」という食べ物があったことを示す最初の文献ということになるのかもしれず、その意味でとても貴重な史料であるといえよう。

十一

秀吉のおもてなし

秀吉の城案内

二回にわたり、織田信長によるおもてなしと、逆に信長がもてなされた場面を見てきた。そうなると次は、信長亡きあと天下の実権を握り全国統一を果たした羽柴（豊臣）秀吉によるおもてなしを見ないわけにはゆかないだろう。

第四章の十四でも触れるが、小説家・井伏鱒二は、秀吉の口のきき方をはじめ「たいていのことは信長の真似ではないか」と喝破している。そう言ってしまうと秀吉には気の毒だが、主君であった信長の権力者としてのふるまいや嗜好を秀吉はたしかに受け継ぎ、さらに増幅させたと言って間違いはないようである。

たとえば城案内。第三章の九で信長の安土城案内（自慢）を紹介したが、秀吉も客人に対するおもてなしの一環として、みずからが案内役を買って出て大坂城を見せてまわっている。
天正十四年（一五八六）四月、豊後《ぶんご》の戦国大名・大友宗麟《そうりん》は、薩摩の戦国大名・島津氏による豊後侵略を秀吉に訴えるため大坂に上り、秀吉と対面して饗応を受けた。このときの様子を国元にいる家臣に伝えた書状がある（次頁図版）。

当時、大坂城は普請《ふしん》中であったが、宗麟は最初にくぐった鉄の門から聞きしに勝る壮大さで仰天したと書く。秀吉の弟・羽柴秀長や宇喜多秀家・長岡（細川）幽斎らが同席しての饗宴のあと、「金屋《かなや》の御座敷」、つまり黄金造りの茶室を見せられた。宗麟はそのこしらえや、なかに飾られた茶道具を細かく書き記している。

茶室では千利休が茶を点てた。秀吉から「宗麟は茶を好むか」と訊ねられたところ、利休が「なかなかの愛好者です」と答えたので、秀吉みずからの点前で宗麟に茶を一服供することになった。宗麟はその点前の見事さにまた感嘆する。

その後は天主（天守閣）見物に誘われ、蔵に収められている衣類の入った櫃《ひつ》や武具、金銀宝物を見せられていちいち驚き、最上層の回廊からは「近国近方の在々所々を一々お教え候」と、

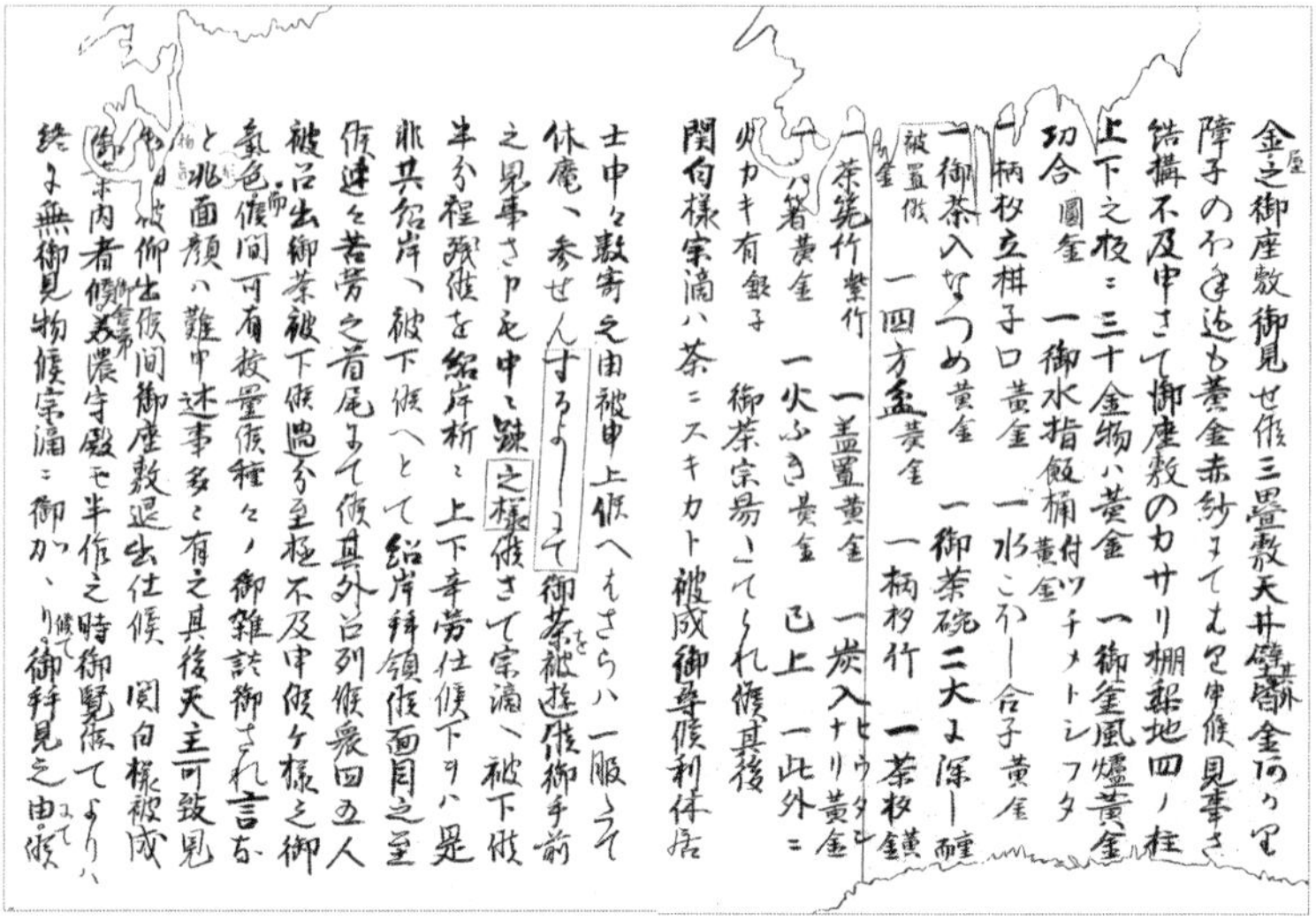

『大友家文書録』六　東京大学史料編纂所所蔵影写本　天正14年4月6日付宗滴（大友宗麟）書状写（部分）　いわゆる「黄金の茶室」の造りと、そのなかに飾られていた茶道具について書かれている。茶室は三畳敷で、天井・壁や障子の骨までも金箔が押され、「見事さ結構申すに及ばず」とある。

大坂城天主からの眺望についても解説を受けた。さらに寝所まで案内され、そこに飾られていた四十石《しじっこく》の茶壺をはじめとした茶道具の名物をひととおり見せられている。新築の自宅に客を招いても寝室まで見せる人はそういないと思うが、秀吉はそこの豪勢さまで自慢の種であったのだろう。

お城の豪華さにただただ呆然として驚くことしかできない宗麟は、家臣たちに伝えるこの書状のなかで、「おおよその事を記す。詳しく説明しようとすると、五年十年かかっても伝えきれない」というほどの満腹感をおぼえて秀吉への拝謁を終えた。

こうした懇《ねんご》ろな城案内は、たとえば宗麟の訪問に先立つ一カ月前に大坂を訪れたイエズス会副管区長ガスパル・コエリョ一行も同様であった。彼らも秀吉みずからの案内を受け、武具や宝物、黄金の茶室などを見せられたあと、天主最上層まで登ってその眺望を楽しんでいる(『フロイス日本史1』第九章、中央公論社)。天正十五年二月二十九日には、数日後に控えた秀吉の九州攻め出立《しゅったつ》を見送りにきた京都の公家衆を同様に天主に招き入れている。このとき天主内を拝見した公家・吉田兼見《かねみ》は、「一重一重鑓放(鑓・鉄砲か)武具・金銀銭、その外唐物《からもの》等七珍万宝《しっちんまんぼう》、中々書き尽くしがたき也」(『兼見卿記』)と記している。

居城を訪れた人に対し、おもてなしのため城内を案内するという行動は、やはり壮麗な天守閣が城郭建築のなかに見られるようになる信長以降の、天下人特有のふるまいなのかもしれない。外交使節や臣従してきた諸大名たちに対し、建物やそこに納められた莫大な財を見せつけることは、政治的な意味で言えば示威にあたるのだろうが、信長も秀吉も、そうすることが好きで、相手が驚く顔を見て喜びたいという素直な気持ちがそうさせているようにも思える。

聚楽第行幸と北野大茶湯

秀吉のおもてなしを信長のそれとくらべたとき、その特徴としてあげられるのは、より派手で大がかりになっていること、芝居じみた趣向がくわえられていることである。

前者で言えば、天正十五年十月一日に開催された北野大茶湯《おおちゃのゆ》(大茶会)や同十六年四月十四日から十八日にかけて挙行された後陽成《ごようぜい》天皇の聚楽第行幸《じゅらくだいぎょうこう》がその代表的なもよおしだろう。おもてなしという観点から見れば、天皇を自邸に迎える行幸はこれ以上ないおもてなしの機会である。聚楽第行幸については、天皇と天下人秀吉の関係を考えるうえで重要なできごとであるため、政治史的な関心から多くの研究があるが、おもてなしという点から見れば、どんなことがわかるのであろうか（以下は『群書類従』所収「聚楽第行幸記」による）。

行幸には、関白秀吉や摂関家の左大臣・近衛信輔《のぶすけ》以下の公家たち、武家は前田利家以下の諸大名、石田三成・大谷吉継《よしつぐ》・増田長盛《ましたながもり》らの直臣らが随従し、禁裏《きんり》から聚楽第まで十四、五町（約一・五キロメートル）の道のりを進んでいった。

初日はまず饗宴があり、三献のときに天酌《てんしゃく》（天皇の酌で酒を飲むこと）があり、五献のときに盆・香合《こうごう》が進上され、七献のときに刀が進上されている。そこで供された膳は、「とり〴〵御肴、くだ物、羹《あつもの》、金銀の作花、折台の物には蓬萊《ほうらい》の嶋に鶴亀の齢、松竹のみさほなど」といった見た目も豪華なものだったようだ。その後、天皇が箏《そう》を担当して、諸公家衆もくわわった雅楽が奏されている。

二日目には秀吉から天皇へ、張即之《ちょうそくし》という南宋の能書による千字文《せんじもん》の手本、御絵三幅対、沈《じん》香《こう》百斤が贈られ、夜更けまで酒宴がくりひろげられた。三日目は秀吉や公家衆も参加しての和歌会である。ここでも酒宴があり、黄金・金襴《きんらん》・麝香臍《じゃこうほぞ》・小袖などが贈られている。四日目は舞楽が披露され、酒宴のあいだに秀吉の母である大政所《おおまんどころ》、正室の北政所より小袖・黄金などの進物があった。

最終日の還幸《かんこう》では、漆塗の上に蒔絵がほどこされ、金物には菊紋があしらわれた「行幸の時は見ざりし長櫃《ながびつ》三十えだ・唐櫃二十荷」が行列に連なっていたという。聚楽第滞在中に贈られた進物を収納していたのだろう。近年発見された「御所参内・聚楽行幸図屏風」（次頁図版）にあるように、この行列は京都の人びとも見物していただろうから、秀吉の財力にみな圧倒されたに違いない。

その死により幻に終わったが、信長も安土城に天皇（当時は正親町《おおぎまち》天皇）の行幸を仰ぐ計画があったと指摘されている。発掘により姿を現した、まっすぐに山を登ってゆく築城当時の大手道が、平安京の朱雀大路を投影したものであるとして、安土城は行幸のために作られた特別な空間であったというのである（松下浩「信長と安土城」堀新編『信長公記を読む』吉川弘文館所収）。この説には異論もあるが、何事も信長の真似をした秀吉の聚楽第行幸や、これまで見てきたようなもてなし好きを知ると、信長がそのようなことを考えていてもおかしくないように思える。

邸内でもよおされた雅楽や舞楽、和歌会はともかく、行列などはある意味多くの人びとに「見せる」ことが意図されていた。閉鎖的でなく、より開放的なもよおしによってその権力を飾るということで忘れてならないのは北野大茶湯だろう（以下紹介する説や史料は竹内順一ほか『秀

御所参内・聚楽行幸図屛風（部分）　右隻第二〜四扇　小林英好氏所蔵（上越市立総合博物館寄託）　2009年に新潟県上越市内で発見された。この右隻には、御所より輿に乗って聚楽第に向かう天皇の行列が描かれている。なお左隻には逆に牛車に乗って聚楽第を出て天皇を迎えにゆく秀吉一行が描かれる。

吉の智略「北野大茶湯」大検証』淡交社による)。

北野天満宮社頭の松原において開催されたこの大茶会は、そもそも「茶湯執心《しゅうしん》の者は、若党・町人・百姓以下によらず、釜一つ・釣瓶《つるべ》一つ・飲物一つ、茶はこがしにても苦しからず候。引っさげ来仕るべき事」と、身分を問わず茶の湯愛好者の参加が広く呼びかけられた。

総数でどれくらいの人がこの茶会に参加したのかはわからないが、会場には公家衆以下の茶屋が千五六百ほど並び、拝殿内に仮設された秀吉・利休・津田宗及《そうぎゅう》・今井宗久《そうきゅう》の茶席には八百人を超える人びとが客となり、彼らは鬮《くじ》によって茶を喫する席を定められたという。さほど広くない茶席に一人あたり二百人の客を迎えるのであるから、このときの飲み方は時間短縮のため、回し飲みであったと推測されている。

広い会場に所狭しと茶屋がひしめき、人が群がる様子は、物の売買でこそないけれども、現代のフリーマーケットや食べ物のお祭り(フードフェス)のような空間を想像すればよいだろうか。茶会に引きつけるならば、田中秀隆氏は「社中・同門が集まる大会での茶会よりも、デパートや公民館などの呈茶席に近い」と指摘している。庶民に至るまで多くの人びとに開放されたこの秀吉一世一代のおもてなしは、信長による安土城見物をはるかに凌《しの》ぐ規模でおこなわれたのである。

芝居好きの秀吉

北野大茶湯では、天下人である秀吉みずからが席主として客に茶を供していた。たんなる主催者の立場に飽き足らず、みずから身をやつして現場で働くというのは、やはり秀吉も純粋なもてなし好きの一人であったとみなしてよいだろう。

むしろ席主となって茶をふるまうことなど、秀吉にとってはお茶の子さいさいであったに違いない。能を愛し、自身が主人公となったり、過去の武功などを能に仕立てさせたほどの人物である（秀吉が主人公となった能を「豊公能《ほうこうのう》」と呼ぶ。天野文雄『能に憑かれた権力者　秀吉能楽愛好記』講談社）。能のような様式化されたものではないけれども、人をもてなす茶会の席でも、秀吉は芝居じみた趣向を好んで仕掛けた。

博多の茶人・神屋宗湛《そうたん》も北野大茶湯に招かれたものの、大坂に着くのが遅れ、到着したときには茶会はすでに終わっていた。その後しばらく上方に滞在した宗湛は、しばしば秀吉の茶席に招かれている。ある日新しい座敷に宗及と招かれておもむいたところ、茶屋の壁にものぐさ

（足半《あしなか》とも呼ばれるかかとのない草履）が二足かけられ、銭五文で売られていた。そこで二人は銭を出し合って十文で二足を購《あがな》った。また茶屋の前にあった円座を手にして茶室まで歩き、なかに入る前に円座の上に足半と足袋を脱いで置き、茶を供されたという。

秀吉は宗湛にむかい、「筑紫の者に一手して見せよ」と求めた。右のような趣向を、九州では宗湛が独占し、彼が席主となる茶席で地元の者たちにも披露せよということだろうか。豪商にわざわざものぐさを買わせるという趣向は面白いものの、全体として秀吉が何を意図していたのか、わたしには残念ながらよくわからない。日本史家・桑田忠親氏はこれを「秀吉の侘び茶の一面」と評しており（『宗湛日記　神谷宗湛の茶生活』高桐書院）、そういうものかと思わざるをえない。

ところで桑田氏は、また別の秀吉の趣向を紹介している。天正十六年に土佐の大名・長宗我《ちょうそか》部元親《べもとちか》が上洛したとき、聚楽第において秀吉からもてなしを受けた。そのとき、茶室に向かう露地に茶店が建てられ、前に娘二人が立っていた。元親や、相伴した大名たちが側を通るとき、娘たちは「御腰を懸けられ候《そうら》え殿様」と彼らを誘い、彼らは腰掛けて餅などを食べ、出された茶を飲んだ。そうしたところ、「金銭」（これは銭というより金子《きんす》を意味しようか）を求められたので、それは過分であると出さずに通ろうとしたところ、いただかないと通さないと取りすがられてしまう。

困った元親らはやむをえず悪銭一文ずつを与えたところ、「これは都では見慣れぬ銭だ。田舎人のみっともない御仁、銭替をしてくれ」と娘たちはなおもすがりついてきたので、大名たちはその場を逃げ、それを見ていた秀吉は大笑いした、というのである。これは『元親　代記』(『元親記』とも) という軍記に見える挿話である。

ここからはいわゆる〝ぼったくりバー〟を想像してしまうが、そんな侘び茶とは相容れない趣向を、内々の茶会の空間で、臣従している大名相手に仕掛ける (そして彼らが大弱りする様子を見物する) あたりに秀吉の愛嬌がある。娘たちに言い寄られて冷や汗をかきながら逃げまわる大名にとっては迷惑な話だろうが、天下人一流のおもてなしと観念したのではあるまいか。これこそまさに茶番と言うべきなのかもしれない。

十二

信長に対する贈り物

贈答は時代を映す

結婚式披露宴の引出物のなかに、もらった側が好きなものを選べるカタログを入れるのが当世風であるのを知ったとき、軽いカルチャー・ショックをおぼえた。たしかにこの方式にすれば、新郎新婦が並んで微笑んでいる写真が焼きつけられた皿などを贈られ、帰ってからその扱いに窮することはなくなる。すばらしい思いつきだ。

ただし短所もないわけではない。かねがね欲しいと思っていたものがカタログのなかから見つかれば万々歳。けれどそうでなければ、決めかねているうちに月日が経ってしまい、申込期限近くになって慌てて葉書を出すことになる。そういうときにかぎって、持っていないからいいかと大きな圧力鍋などを選んで、結局持て余してしまう。

カタログ式ギフトは、なるほど人びとの好みが多様化した現代社会に合理的な、贈られる人を思いやった方法なのかもしれない。しかしながら、物を贈るという社会的行為の本質を考えたとき、本当にこれが贈られる人を思いやったやり方なのだろうか。

贈る相手の立場、自分との関係、その趣味嗜好をあれこれと斟酌《しんしゃく》し、その人にふさわしく、手にしたら喜ばれるような贈り物を選ぶこと。それが、贈られる人を思いやる、ということの真の意味であるはずだ。もちろん結婚式のように贈る相手が多ければ、そこに差異をもうけると差しさわりが生じるし、そもそも相手一人ひとりのことを考えて選ぶには莫大な労力（そして経費）がかかるので、仕方ないのだが。

招待した人に対し、相手のことを考えて引出物を用意する。これは立派なおもてなしの一環と言ってよいだろう。またこれはおもてなしということばで表現してしまうと違和感はあるものの、誰かを訪問するとき、訪問先に合わせて贈り物を選ぶという行為も、おもてなしにこめられた相手への思いやりと対応するという意味で共通している。

カタログ式ギフトなどなかった前近代においては、贈り贈られることが当事者同士の社会関係を構築するために不可欠の行為であり、ときにはそれが経済的行為にもなりえた。また、贈り物の性質は、贈与者・受贈者に固有の立場・性格と密接にかかわっていることはいうまでもない。その反面で、贈り物が取り交わされた時代背景や、その季節、贈与者・受贈者がそのときどきの時点でおかれていた立場により、きわめて流動的で、多面性ももっていた。贈答は、時代を映し、贈る人と贈られる人の姿をも浮き彫りにする。

第一章の一において、おもてなしを饗宴と贈答に分け、ここまではもっぱら饗宴の側面に注目して、いろいろな史料を紹介しながら戦国時代の宴を見てきた。ここで少し目先を変え、贈答の側面に注目してみたいと思う。

信長がもらった贈り物

織田信長の場合、どのような贈り物を贈られていたのだろうか。第三章の十でも、信長の南蛮好みに関連して触れたが、少し視野を広げて見てゆこう。

『増訂織田信長文書の研究』（奥野高広編、吉川弘文館）に収められている文書のなかから、「○○を贈ってくれてありがとう」と礼を述べた文言のある信長発給文書、もしくは「上様に○○

を贈ってくれてありがとう」とある家臣の副状《そえじょう》に注目し、信長に贈られた物の統計をとってみることにした。当然文書に見えるものだけが贈り物のすべてではない。だがおおよその傾向はうかがえるだろう（なお、信長発給文書のうち贈答関係文書をリストアップした論考として、播磨良紀「織豊期の生活文化」『日本の時代史13　天下統一と朝鮮侵略』吉川弘文館がある）。

のべ約二百八十件中、もっとも件数が多かったのは、馬（二十三件）、太刀（二十件）の順。馬・太刀のセットは、室町時代以来武家における贈答品の定番である。この場面では武家としての慣習を受け継いでいるということができる。もっとも「馬代」「太刀代」のように、馬・太刀の現物ではなく、代銭というばあいもある。今回は「馬代」とあるものも馬に含めた。ちなみに金子（十件）、銀子（十件）という銭貨の贈り物も目立つ。

馬・太刀に次いで多いのは、帷《かたびら》（十八件）・巻数《かんじゅ》（十七件）といったあたり。播磨氏の論考では、帷のような衣料品の贈与に注目している。帷は端午の節句などの機会によく贈られる衣類であり、『細川家文書』（次頁図版）にこれを贈られての礼状がとくに多い。したがって帷の件数は文書残存の偶然性もあるだろう。いっぽう逆に、年中行事的な贈答機会の定番として、歴史の表面にあらわれてこない数はさらに増えるだろうという予測もできる。実際第二章の七において、島津家久は明智光秀から帷を贈られていた。

巻数というのは、寺社が祈禱《きとう》のため読経《どきょう》した経文の題名や修した祓《はらい》の度数などを書き上げた目録のことで、信長に対しては出陣のさいの戦勝祈願が大半を占める。周辺勢力との戦争に明け暮れた信長らしい贈与物であり、寺社がこぞって彼の戦勝祈願をおこなうあたり、卓抜した政治的権力者らしい存在感を感じ取ることもできる。

いくさに関係する物としては、ごくまれだが、ほかに鉄炮筒・鉄炮玉・火矢（各一件）などがある。

茶道の面から権力者信長像に迫っている研究者・竹本千鶴氏が論じるような「名物」としては、「白天目」「三幅一対絵」などが目を引く。これらにくわえ、淀鯉（勝龍寺城主・長岡藤孝より）・真魚鰹《まながつお》（岸和田城主・松浦肥前守より）・伊予鶏（土佐・長宗我部《ちょうそかべ》元親《もとちか》より）・鯖鮨（能登・

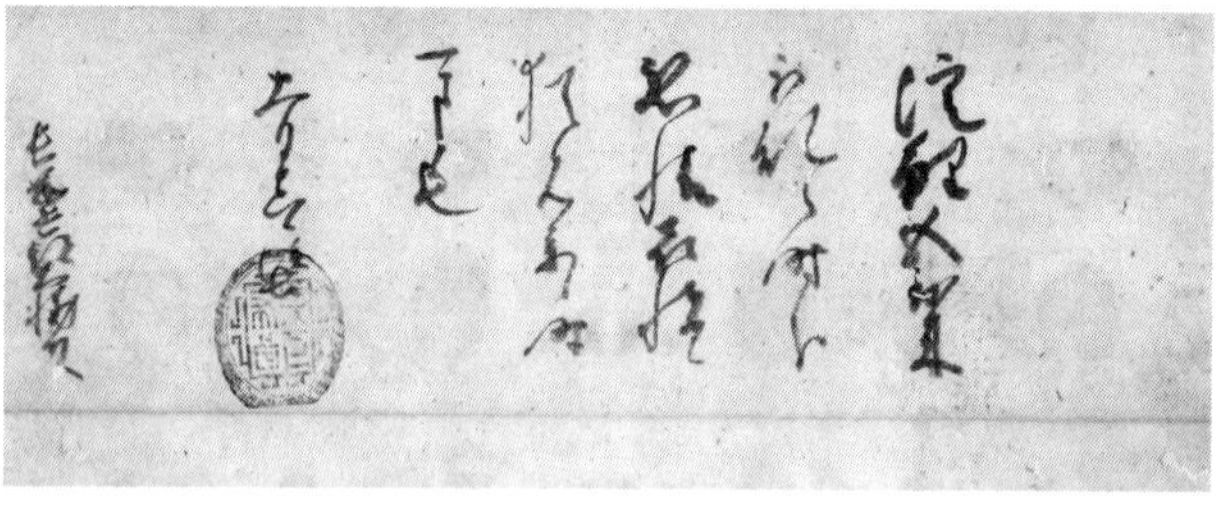

『細川家文書』　織田信長黒印状　永青文庫所蔵　画像撮影＝東京大学史料編纂所　信長が長岡藤孝より「淀鯉」（1行目冒頭）を贈られたことを謝した礼状。

長連竜《ちょうつらたつ》より）などは、季節物、あるいはご当地の特産物といったおもむきがあり、現代にも通じる贈り物の本質的なあり方を垣間見ることができる。こういうたぐいは、もらうと嬉しいものである。

第三章の十で詳しく述べたが、『賀茂別雷神社文書《かもわけいかづち》』には、織豊期の算用状がおびただしく伝えられている。

天正二年（一五七四）五月の「錯乱方職中算用状」のなかに、信長へ贈った物として、「こつはめ」「さしこの代」「さゝい」「同かこの代」が見える。代価はそれぞれ米二斗五升、五升、四斗、二升五合である。合計七斗二升五合。銭貨に換算すると約六百文となり、さほど高価というわけではない。

ちなみに現在のお米の値段に照らし合わせてみると、二〇一六年における農林水産省によるお米の相対取引価格は玄米六十キロで一万四千三百七円とのことだから、一升（一・四キロ）は三百三十五円。「こつはめ」は八千円強、「さゝい」は一万三千円強である。

「こつはめ」を小燕だと考えれば、「さしこ」は柔道着などを意味する刺子でなく、鳥籠を意味する語のほうになろう。さらに「さゝい」「同かこ」は鷦鷯《みそさざい》を入れた鳥籠だと思われる。鷦鶲は茶の毛色をした可愛い小鳥で、体長約十センチと日本産の鳥としては最少だというから、小燕とあわせ、てのひらに包めるほどのこれら小鳥を籠に入れ、賀茂社は信長に贈ったわけである。観賞用なのだろう。

信長は贈られた小鳥を愛でたのだろうか。鶺鴒は鳴き声が美しい小鳥だそうだ。信長の前でちゃんと囀《さえず》ってくれたことを祈りたい。

太田牛一への贈り物

ところで、賀茂社の算用状のなかには、信長にかぎらず、明智光秀・丹羽長秀・村井貞勝・羽柴秀吉・佐久間信盛といった信長重臣の面々への贈り物も多く記載されている。信長のもとで、賀茂社の所領経営などに直接的な影響をおよぼす可能性があった部将たちだ。そのことをよくわきまえた氏人たちは、信長以上に頻繁に彼らに対して物を贈っている。

上記の重臣たちにまじり、「太田殿」という名前も多く見かける。拙著『織田信長という歴史』（勉誠出版）で明らかにしたように、『信長記』の作者太田牛一《おおたぎゅういち》（又介・又助・和泉守）のことである。彼はこの時期、もっぱら長秀の配下にあって、賀茂社（あるいは賀茂社領）とのあいだの連絡

重要美術品　賀茂競馬図屏風（部分）　右隻第一～五扇　馬の博物館所蔵　加賀藩に仕えた絵師久隅守景筆によるもので、馬を走らせる乗尻（競馬の乗り手）や、埒の外から見物する人びとが描かれる。埒に腕を乗せ眠り込む乗尻の姿もある。牛一は信長の時代、この競馬の奉行を仰せつかった。

役を担っていたらしい。信長が愛馬を提供した天正二年の賀茂競馬では、牛一が奉行として諸事を差配したことも知られている。

賀茂社が牛一に贈った物を数え上げると、駒鳥《こまどり》・柴・柿・餅・俵・酒《しゅ》肴《こう》・糠俵・綿・素麺・黒木・扇などがある。

季節物・特産物に類する比較的めずらしい物や奢侈《しゃし》品はせいぜい駒鳥や扇くらいで、ほかはもっぱら日常的・実用的な物ばかりである。

実用的ということでは、右記以外に興味深い贈り物がある。「元亀二

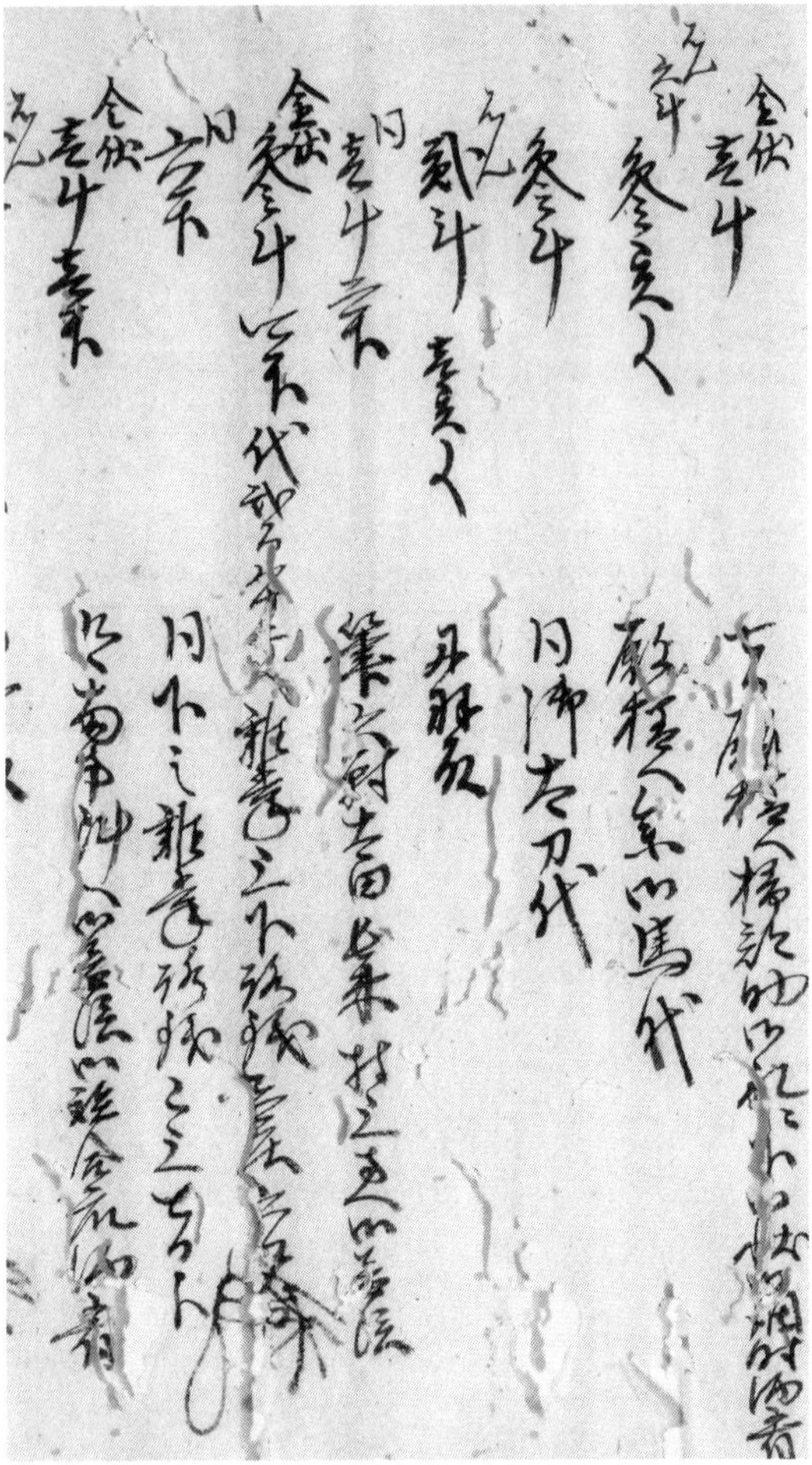

『賀茂別雷神社文書』　天正2年10月錯乱方職中算用状　賀茂別雷神社所蔵　画像撮影＝東京大学史料編纂所　5行目に本文で触れた「筆六対」の贈与が見られる。その1行前には丹羽長秀へ、さらに冒頭1・2行目には、信長（「殿様」）に対する馬・太刀（代）の贈与が計上されている。

年四月職中方算用状」に見える「筆十対太田又介方へ」、同年八月の「筆二対又介へ」、天正二年十月（前頁図版）の筆六対（太田・長束・村上方）、天正四年十二月の「筆弐対太田へ参」、天正八年十月の「筆三対太田殿参《まいる》」、天正九年八月分の「太田殿へ参筆二対之代」である。

筆の贈答自体、公家のあいだではさしてめずらしいことではないが、賀茂社の算用状では、牛一や長束《なつか》（当時丹羽長秀被官だった長束正家かその弟直吉）らがかかわる事項以外あまり見られない。むろん信長にも筆が贈られた例は見あたらない。信長に対する贈り物として筆を選ぶという選択肢は考えられないだろう。十六世紀の人びとは贈る相手のことを考えて贈り物を選んでいたのに違いない。

天正二年十月のばあい、贈られた相手は牛一だけでなく、長束・村上（おなじく長秀被官）も一緒だった。長束単独で筆が贈られている例もわずかだが見られる（天正七年四月の「長束方へ筆代」、同八年十月の「筆二対長束方へ」）。

これら算用状の記事から、彼らが長秀の下で右筆《ゆうひつ》（文書を作成する職務）を務めていたことが推測できる。ただ、上記のように単独で牛一にのみ贈られている事例も多いので、別の想像をしたいという気持ちが抑えられなくなっている。

牛一が筆を贈られた理由

すなわち牛一は、賀茂社氏人たちから、筆を贈るにふさわしい人物であると認識されていたのではないかということだ。

彼の書いた『信長記』は、慶長十五年（一六一〇）がもっとも早い奥書の日付を有するものであるが、慶長初年頃には書かれていただろうと推測されている（前掲拙著参照）。信長が足利義昭を擁して上洛した永禄十一年から、本能寺で斃《たお》れる天正十年までの十五年の事跡を書いたものだから、当然その期間、何らかのかたちで牛一は『信長記』の材料となるような資料を集め、またみずから記録を書きためていたことが想定される。ただ、それらがどのようなかたちで存在していたのか、まったくわかっていない。そもそも彼が信長家臣としてどのような立場にあったのかという点すら、輪郭は曖昧なままである。

そうした謎を解き明かすうえで、賀茂社の算用状は実に貴重な材料を提供してくれる。長秀の配下として、賀茂社と何らかの関係をもっていたということのみならず、賀茂社から「筆を贈るにふさわしい人物」と認識されていた。ちなみに賀茂社と牛一の関係は永禄十二年頃から早くも見える。ただ筆がはっきりと贈り物として算用状に明記されているのは、右に紹介した元亀二年あたりからのことである。

想像をさらに広げるならば、たんなる右筆という立場にとどまらず、信長に関する記録を書きためていたことがある程度知られていたゆえに、賀茂社は彼に筆を贈ったのかもしれない。もっとも、長束も筆を贈られているから、そこまで想像するのは行き過ぎだと批判を受けるかもしれない。であれば別の想像をしてみよう。牛一は賀茂社から贈られた筆を用いて、『信長記』のもととなる記録を執筆していたかもしれない、と。

十三

天下人と贈り物

信長・秀吉が変えた贈答風景

織田信長・豊臣秀吉の時代に宴会のあり方が大きく変化し、二人は「余分なもの、煩わしいものを棄て去って、その古い習慣を変え」たというイエズス会宣教師ジョアン・ロドリーゲスの証言を第一章の四で紹介した。実はロドリーゲスは、贈り物についても同様のことを述べている。

「信長Nabunangaと太閤Taycóに先立つ時代には、贈物についていえば、単なる挨拶として少額の物、また時にはまがい物が贈答されていた」のに対し、「しかし信長Nobunanga以後は、王国が泰平であったので、都市の高家《グランデ》や住民が富んで、商品の販売も増大したので、貴人どうしの間では、金、銀、さまざまな種類の絹のりっぱな反物、武器、絹の衣類を、一度に多数贈り合って贅沢な贈物をする」というのだ（『日本教会史』第二十一章）。

形式的なものからの脱却という意味では、宴会も贈り物もおなじような変化であるが、宴会では、虚飾姓や無駄を省く方向に向かったのとは逆に、贈り物のばあい、それが奢侈《しゃし》化・多様化へと進んでいった。ロドリーゲスはその理由を、戦争状態の終熄《しゅうそく》による都市社会の経済的繁栄という点に求めている。

こうした認識は宣教師に共有されていたらしい。ルイス・フロイスもまた、「日本では、いかなる君侯を訪ねる際にも、かならず贈物をせねばならない（習わしがある）。しかもその人の位が高ければ高いほど、その進物はいっそう立派で高価なものでなければならない」（『フロイス日本史3』第六章、中央公論社）と書いている。

信長が関わる贈り物について言うなら、前回見たように、奢侈化はともかく、多様化はその特質としてあげることができそうである。ただ、信長自身は、贈り物に対して大きなこだわりはなく、きわめて現実的な考えをもっていた。

たとえばフロイスが永禄十二年（一五六九）三月に初めて信長と対面したとき、「贈物として、非常に大きいヨーロッパの鏡、美しい孔雀《くじゃく》の尾、黒いビロードの帽子、およびベンガル産の籐《とう》杖《じょう》を携えた」(『フロイス日本史4』第三十四章、中央公論社)。この選択は「すべては日本にはない品だったから」という理由による。

ところが信長は、そのなかからビロードの帽子だけ受け取り、その他の品物は返している。フロイスは「彼は贈物のなかで気に入ったものだけを受け取っており、他の人たち(に対する)場合でもつねにそうであった」と記す。贈られてきた物を選んで、不要な物を返すような権力者はそれまであまりいなかったのではあるまいか。

さらにその直後、フロイスは信長に時計を贈った。しかしまたもや辞退されてしまう。「予は非常に喜んで受け取りたいが、(受け取っても)予の手もとでは動かし続けることはむつかしく、駄目になってしまうだろうから」というのである(第三十五章)。分をわきまえているというのか、きわめて現実的であり、時計を前に受け取ろうか受け取るまいか迷う信長の姿は、戦場で果断なそれとは対照的である。

茶道具を求める信長と秀吉

もちろん一事が万事、信長はこの調子で贈り物に接していたわけではない。執心していた（とくに高い価値観を有していた）品物も当然あった。その代表が茶道具である。

天正六年（一五七八）四月、堺の豪商・茶人の津田宗及《そうぎゅう》は、所持していた「宮王釜《みやおうがま》」を信長に献上し、翌日朱印状と黄金五十枚を拝領した（『天王寺屋会記』宗及他会記）。堺の商人・油屋《あぶらや》常祐《じょうゆう》の持っている釜とくらべ、この宮王釜を選んだのだという。宗及は信長に献上する意思を持っていたのかもしれないが、よそ目には体のいい強制買い上げである。見返りなく召しあげられなかっただけましというべきか。『天王寺屋会記』（宗及他会記）には、献上し、黄金を拝領した事実だけ記されている。行間をいくら眺めても、手放したことに対する宗及の思いまでは伝わってこない。

その五年前にあたる天正元年、信長は一時和睦状態にあった大坂本願寺の門主・顕如《けんにょ》より、「白天目《はくてんもく》」という名物の茶碗を贈られた。名物だというのでかねがね一覧したいと思っていたから、それを贈っていただいて嬉しいと感謝する書状を顕如に出している（次頁図版）。

話は横道にそれるが、右に述べた信長のことばは、原文では「名物之条、連々一覧之望候梟」とある。最後の部分は「一覧の望みそうらいけり」と読ませるのだろう。

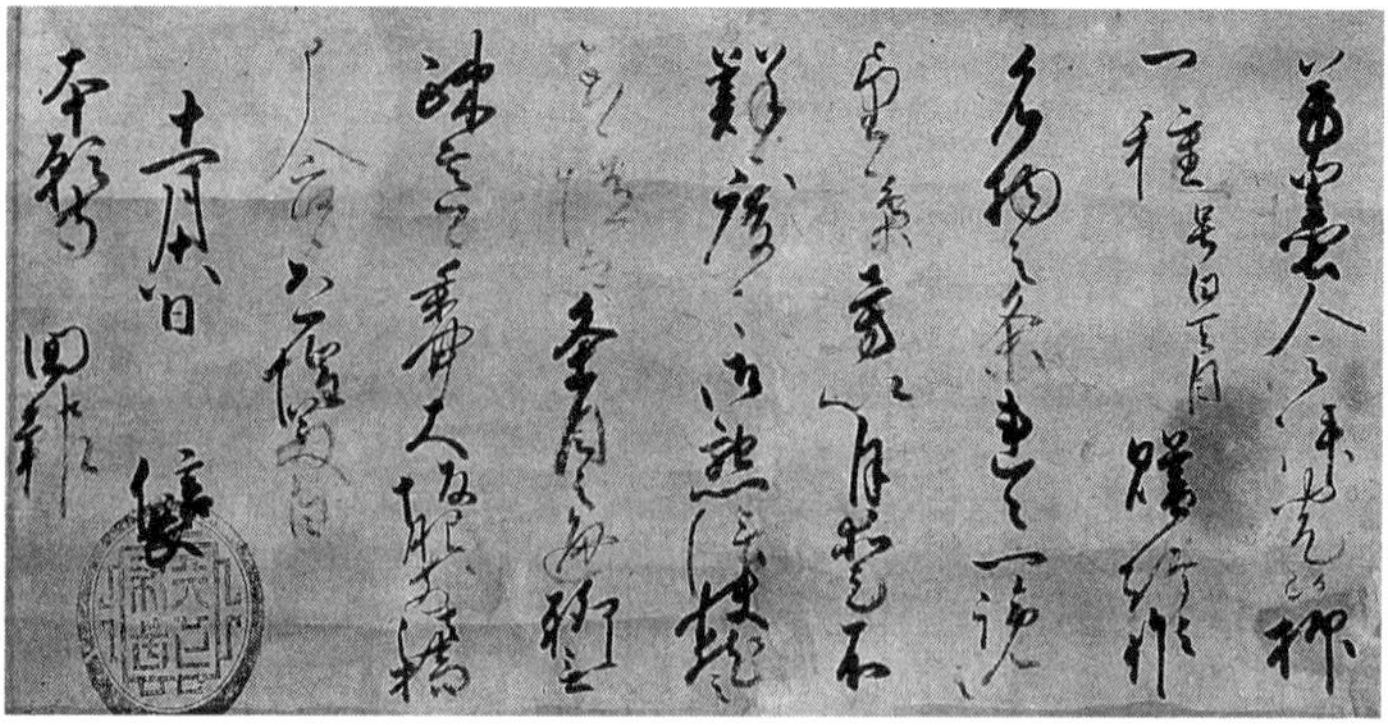

『本願寺文書』　織田信長黒印状　本願寺所蔵　信長が本願寺門跡顕如に対し、白天目を贈られたことを謝した書状。2行目に「一種（号白天目）」とある。「梟」（鳧）は4行目に見える。

「梟」は「鳧《けり》」の誤用だと思われる。鳧とは、チドリ科の野鳥で、鳴声が「ケリリ（キリッ）」と聞こえるのが和名の由来とされる（『日本国語大辞典第二版』『日本大百科全書』小学館）。

つまり、過去の助動詞「けり」にこの字を当てたと推測されるのだが、こうした表現をほかに探すと、管見では、おなじ信長の書状に一点見いだされるのみである。元亀三年（一五七二）十月に信長が武田信玄に宛て、上杉謙信との和睦に応じてくれたことを謝す内容のもので、「及其理候梟（そのことわりに及びそうらいけり）」とある（『酒井家文書』）。顕如と信玄、二人に対して何か思うところがあったのか、妙に気取った表現である。

それはともかく、顕如に出した礼状の日付は十一月十八日。その五日後、妙覚寺において信長が開いた茶会において、白天目をさっそくお披露目している。これを見た宗及は、「大坂（本願寺）より進上の刻《きざみ》なり」と由来を記したうえで絶賛している。

もとより茶道具とは、「見せる」という行為と不可分であった。織豊期の研究者・竹本千鶴氏が明らかにしたように、信長はこれらを厳密に管理し、家臣統制に利用していたという（『織豊期の茶会と政治』思文閣出版）。白天目のばあいも、顕如から贈与されたことを、茶会を通しておおやけにするという政治的意図がこめられていたと思われるが、礼状からお披露目までの五日という短い時間に、「手に入れて嬉しい」「早くこれを人に見せたい」という信長の高揚した気分をくみ取りたい。

このような茶道具への執着、茶会の政治的利用は、秀吉へも受け継がれる。茶会で言えば本章の十一で触れた天正十五年の北野大茶湯があるが、茶道具についても同様である。竹本氏は、信長旧蔵の名物茶道具を蒐集・披露することにより、信長の後継者たることを周囲に確認させようとしたと指摘する。

秀吉の名物茶道具への執着は、信長以上に熱い。豊後の戦国大名・大友宗麟《そうりん》より進上された茶入、新田肩衝《にったかたつき》（次頁図版）やにたり茄子が有名である。千利休から、宗麟所持のこれら茶道具の話を聞いた秀吉がこれを所望し、天正十三年に贈られた。贈られたといっても、これまた銀百三十貫目が代価として支払われているので、強制買い上げである（『大友文書』『大友家文書録』『宇野主水日記《うのもんど》』）。

右のふたつの茶道具が秀吉のもとに届いたのは、五月のことであった。二日の晩に届いたものを、宗及はさっそく見せられ、細かく記録に残している（『天王寺屋会記』宗及他会記）。秀吉も信長の白天目同様、手に入れたものをすぐ誰かに見せたかったのだろうか。

秀吉の華麗なる贈り物の世界

先に信長・秀吉の時代における贈り物の変化として、奢侈化・多様化があると指摘した。信長が多様化のほうを受け持ったとすれば、奢侈化のほうは秀吉が体現している。贈り物にとどまらず、おもてなし全般における秀吉の派手さ、過剰さについては、これまた本章の十一に述べたとおりであるが、今回贈り物という点でもうひとつ事例をつけくわえたい。

当初キリスト教布教に理解を示していた秀吉だが、熱心な布教活動が伝統的な神仏思想と対立し、自身の国土支配に影響をおよぼしかねないとして、天正十五年六月、宣教師（伴《ば》天連《てれん》）追放令を発した。

その後『フロイス日本史』のなかでは、秀吉を「暴君」などと表現するようになるが、いっぽうで追放令緩和・解除への働きかけもその都度おこなっていたようである。そのなかでもっとも期待された好機が、天正十九年に一度あった。インド副王（ポルトガル領インド長官）ドン・ドゥア

大名物　漢作肩衝茶入　銘新田　徳川ミュージアム所蔵　楢柴・初花と並ぶ二肩衝のひとつ。信長が所持していたが、本能寺の変後大友宗麟が手にし、本文で述べたような経緯によって豊臣秀吉に献上され、のち徳川家康から水戸徳川家祖の頼房に与えられた。

© 徳川ミュージアム・イメージアーカイブ／DNPartcom

ルテ・デ・メネーゼスの使者として、イエズス会巡察師アレッサンドロ・ヴァリニャーノが上方を訪問したときである。

フロイスによれば、鳥羽《とば》から京都に向かうヴァリニャーノ一行が「きわめて優美な服をまとい、行列を整えて」いたものであったため、衆目を集め、秀吉もその行装の華美さを知って、接する態度を変えたという（『フロイス日本史2』第二十五章、中央公論社）。尾張へ鷹狩に行く予定を変更し、彼らを引見する日は、「日本で催し得るもっとも盛大で豪華な宴会を開くよう、また当時彼の政庁にいた日本最強の武将たちがその際同席するよう」指示した。そうした華やかな一行を鷹揚に迎え、関白として引見する儀式を盛大におこなうことで政治的効果を狙ったのだろうか。

そのさいヴァリニャーノが携えたインド副王からの贈り物は、「日本の慣例に従って外装を整えて運ばれ」ており、中味は、ミラノ製の甲冑《かっちゅう》、剣、大砲、アラビア馬、野戦用天幕などである。このうち秀吉が喜んだのはアラビア馬であったという。そのときの饗宴についても細かく記されているがここでは深く触れない。この様子は京都吉田神社神主・吉田兼見の日記にも伝え記されており、馬は「比類なく見事」であったと特筆されている（『兼見卿記』天正十九年閏正月九日条)。

当然秀吉は、この贈り物に見合う返礼を用意しようとした。インド副王に贈物をしたいのだが、副王から贈られたものより立派な品にしたい。それらは馬にくらべれば劣るかもしれないが、その他はすべて自分たちの品の方が優れたものにしたい、という意思を示したのである。

しかし、それが用意される過程でひと波乱あったようである。豪勢な物を贈られ機嫌良く彼らに応対した秀吉だが、ヴァリニャーノ側は、腫物に触るように追放令緩和のことはひと言も触れず、ただただ機嫌取りに終始した。するとキリスト教に反発する家臣たちの働きかけにより、追放令に輪をかけたような禁令を含んだ返書が作成されようとした。

劣勢を挽回すべく努力したのが、ここまでもたびたび登場したロドリーゲスだった。彼は通訳の立場から、秀吉側とヴァリニャーノ側のあいだに入り、秀吉の機嫌を直すために奔走している。結果的にロドリーゲスの努力が実り、貿易などを許可するインド副王宛の返書とともに、莫大な返礼の品が用意された。甲冑・長刀《なぎなた》・太刀《たち》・脇差などである。

秀吉の重臣は、これら太刀の優品を贈っても、異教徒はその価値がわからないだろうと異を唱えたものの、秀吉は、「たとえポルトガル人が刀剣を見る目がなくても、自分の立場として、優秀でない品物を副王に贈呈することはできない」、「秀吉が日本において高価で知られている品をインド副王に贈ったという良い評判が永久に日本に残ることを望んでいるのであって、価値のない悪い刀剣を贈ったなどと噂されたくない」と述べ、これをしりぞけた。外交使節に対する贈り物に関する秀吉の認識として貴重な発言である。

物に対する価値観の相違ということでは、当のヴァリニャーノが聞き捨てならないことを書いている。先に秀吉が宗麟から買い取ったことを紹介した茶入「にたり茄子」について、「それは実際のところ、我等から見れば、鳥籠に入れて鳥に水を与えること以外には何の役にも立たないもの」と決めつけ、高値で売買されたことに呆れているのである（松田毅一他訳『日本巡察記』東洋文庫、平凡社）。

名物茶入を鳥用の水入れとは、さすがに茶道具の価値に疎いわたしでもひどい言いようだと嘆かわしく思うけれども、西洋人は刀の価値を知るまいと蔑《さげす》む日本人と表裏の関係なのだろう。もしかしたら、ポルトガルの民家の軒先や、町の小鳥屋の店頭につり下げられている鳥籠のなかに、何百年も前に日本から渡来した茶道具の逸品が鳥の水入れとして使われているかもしれない。

第四章　日本人にとってのおもてなし

十四

文学のなかのおもてなし

井伏鱒二が注目した秀吉のおもてなし

戦国時代の博多の豪商・神屋宗湛《そうたん》の茶会記《ちゃかいき》『宗湛日記』に、印象深いくだりがある。宗湛が天正十四年（一五八六）末にはじめて上洛し、翌年の年頭に豊臣秀吉と対面したときの記録である。臨場感に富んだ筆でその場の雰囲気が活写されている。

天正十五年正月三日の寅の刻（午前四時頃）、宗湛は、秀吉の茶頭《さどう》の一人津田宗及《そうぎゅう》に伴われ大坂城に参上した。門外で千利休と会ったのち、卯の刻（午前六時頃）に堺の茶人たち（宗及・利休・今井宗久《そうきゅう》・住吉屋宗無《そうむ》ほか一人）と一緒に広間に祗候《しこう》し、秀吉の出座を待った。するとそこに石田三成がやってきて、宗湛一人だけを茶の湯の座敷に連れ出し、座敷飾りをひととおり

博多神屋一商生
天下普知宗湛名
太閤曽開大茶會
名陪侯伯被恩栄
廣壽法雲山僧題

神谷宗湛画像　東京大学史料編纂所所蔵模写　もとも
と博多の豪商神屋家に生まれたが、秀吉と対面した当
時は博多の戦禍を避け、唐津に住んでいた。秀吉から
とくに目をかけられ、のち博多の復興に尽力している。

見せた。そのあと、秀吉から六人に、飾りを見るようにという達しがあり、彼らが拝見していると、秀吉があらわれ、「筑紫《つくし》の坊主《の》どれぞ」と声をかけてきた。宗及が宗湛を秀吉に紹介したところ、秀吉から「残りの者は除けて、筑紫の坊主によく見せよ」と命ぜられたため、残りの五人は縁に出て宗湛一人が飾りをじっくり拝見したという。

噂に聞こえた博多の豪商・茶人の宗湛を初めてわが茶室に迎えた権力者らしい演出であり、初対面の客に対して存分に優越感を味わわせる、一流のおもてなし術であるといえよう。

この場面に注目した一人の小説家がいる。『山椒魚《さんしょううお》』『黒い雨』などの作品で知られる井伏鱒二である。井伏は『宗湛日記』を現代語訳し、注で詳しい説明をするという体裁で、『神屋宗湛の残した日記』という短篇を書いた（以下引用は講談社文芸文庫版による）。井伏が『宗湛日記』のなかでとくに関心を寄せたのは、そこから聞こえてくる秀吉の〝肉声〟であった。

「宗湛は関白秀吉の口のきき方に興味を持っていたようだ。秀吉の言葉だけは、その場で聞いた通りに書いている。おそらく秀吉の口のきき方は、信長に召使われていた頃に聞き覚えた言葉使いであったろう。たいていのことは信長の真似ではないか」と推測している。現代語訳にあたり井伏が注意したのは、「秀吉の言葉づかいだけは本文通りに写したい」ということだっ

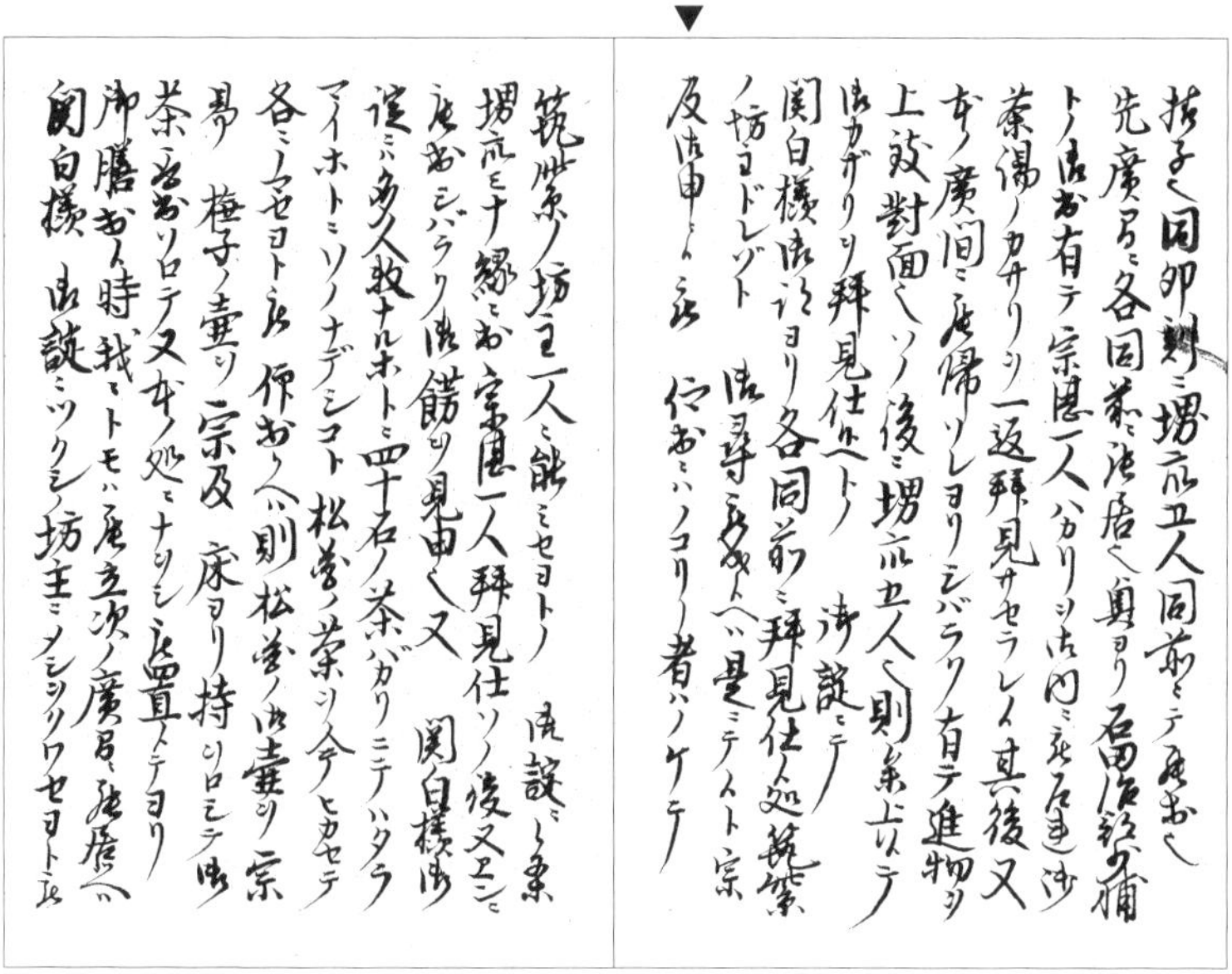

『宗湛日記』　天正15年1月3日条（部分）　東京大学史料編纂所所蔵謄写本

天正14年に上洛したときから慶長18年（1613）までの茶会記。秀吉周辺の諸大名が多く登場することでも知られる。見開きのちょうど丁替わりの部分に「ノコリノ者ハノケテ筑紫ノ坊主一人ニ能ミセヨ」という秀吉の発言が記されている。

た。その先には、秀吉が真似たという信長のことばづかい、信長という人間に対する興味があったようだ。

『神屋宗湛の残した日記』は昭和五十七年（一九八二）、井伏が八十四歳のときに書いた晩年の作品である。ただその後の井伏の関心はなぜか信長ではなく、茶会記を通して見える人間の交わりといったところへ向かった。そうして書かれたのが、翌年から断続的に発表された長篇『鞆ノ津《とものつ》茶会記』である。秀吉の時代、瀬戸内海の毛利家領・備後《びんご》鞆《とも》の浦《うら》に住んだ武士や僧侶（そのなかの一人に安国寺恵瓊《えけい》がいる）たちが開いた架空の茶会において交わされた情報のやりとりが、茶会記の現代語訳のかたちで綴られ、『神屋宗湛の残した日記』とおなじく注がつくという、小説にしてはややめずらしい構成となっている。茶会・茶会記に興味のある小説好きの方にはぜひ一読をおすすめしたい（講談社文芸文庫）。

『芋粥』の客人歓待

『宗湛日記』に記された秀吉のおもてなしから話が脱線してしまった。本章では少し広く日本人のおもてなしを見てゆくつもりなので、井伏作品への脱線ついでに、主題の戦国史から少し離れ、印象深いおもてなし場面を描いた文学作品を拾い集めて、日本人のおもてなしについて考えてみたい。

日本史研究者としてまず思い浮かぶ〝おもてなし小説〟としては、芥川龍之介の『芋粥』がある。この短篇の元になったのは、平安時代後期に成立した説話集『今昔物語集《こんじゃく》』の巻二十六に収められた「利仁《としひと》の将軍、若き時京より敦賀へ五位を将て行きし語」であり、この説話を材料にこの時代の社会における接待について論じた論文もあるほどだ（保立道久「庄園制的身分配置と社会史研究の課題」）。

有名な小説だからあらためて説明するまでもないが、乱暴に要約してしまえば、『芋粥』とは、京都に住む貧しくて風采のあがらぬ下級貴族の「五位」が、同輩の侍・藤原利仁に連れられて彼の住む越前敦賀におもむき、そこで大好きな芋粥の大盤ぶるまいを受ける物語である。

軒に届くほど積まれた山芋が大きな鍋で煮込まれ、朝の膳に供されたものの、結局五位の箸はなかなか動かない。あれだけ渇望した芋粥なのに、彼は調理のさまを見ただけで満腹感をおぼえてしまった、というのが落ちである（『今昔物語集』の原話もおなじ）。

利仁の行動は、遠来の客に対するおもてなしの特徴的なありようだろう。とにかく圧倒的な物量によって強い歓待の意志を示す。ひと言で言えば〝過剰〟だ。料理を作る過程に接すると、それが好物であればたいていは食欲をそそられる。しかし行き過ぎは禁物。まさに「過ぎたるは及ばざるがごとし」である。

過剰なるおもてなし

こんな物量作戦による客人歓待で思い出したのは、獅子文六《ししぶんろく》の長篇『てんやわんや』だった（以下引用は新潮文庫版による）。

敗戦直後の物資不足が深刻化する東京で、会社の上司から命ぜられたある密命を果たすべく、サラリーマン犬丸順吉は四国愛媛に渡る。この長篇は、作者獅子（岩田豊雄）の疎開体験が元になっている。彼は敗戦直後、妻の実家がある愛媛県北宇和郡岩松町（現・宇和島市津島町）に居を移した。

さて、順吉が目にしたのは、荒廃した都会とはおよそ真逆の、のんびりとした別天地のような南国の風景であった。この地の素封家の豪壮な屋敷のひと間に住まうことになった順吉は、浦島太郎が竜宮城に行ったときのようなおもてなしを受けた。

「昼飯は三種。夕飯は五種のオカズがついてる。きわめて新鮮な鯛の刺身、サヨリの椀盛、甘鯛の照焼、伊勢海老の具足煮――というような、ご馳走である。食器がまた、凝ってはいないが、金目のものであって、みな大型であるから、タップリと内容を盛ってる点で、私にはありがたい」。よくよく考えてみれば、浦島太郎が竜宮城で受けたおもてなしこそ、日本人のおもてなしの原風景なのかもしれない。

こんな生まれて初めての贅沢な食事体験のあと順吉が遭遇するのは、この長篇序盤の山場と言うべき饅頭の大食いである。ある日順吉が招じ入れられた座敷に、屋敷の主人のほか土地の人が何人かおり、話の流れで、このとき彼らの前に用意されていた菓子鉢に山のように盛られた饅頭をどのくらい食べられるかという言い合いになり、結局座の一人が三十個を平らげてしまった。

砂糖が極端に不足したご時世での饅頭大食いに驚いた順吉は、主人から一個十円で誂えたと平然と言われ、さらに仰天する。週刊朝日編『値段の明治大正昭和風俗史(上)』(朝日文庫)によれば、昭和二十二年時点で駄菓子屋に売られていた並製の饅頭は一個六銭だった。

獅子は、過剰な量とその消費(作品中では「無駄食い」と書いている)を通じ、敗戦直後の地域格差を主人の順吉に対するおもてなしを通して表現している。高価な饅頭の大食いを惜しげもなく客に見せつけ、驚かせることが、おもてなしのひとつの方法となっているのである。過剰と〝驚かせ《サプライズ》〟、おもてなしの強力な二本柱と言うべきだろう。

日本人はどこでもおもてなし

『芋粥』や『てんやわんや』は、遠来の客人に対する過剰なほどの厚いおもてなしを描いていて面白い。どのような時代であろうが、自分と客がどのような関係にあろうが関係なく、日本人にはおもてなしの精神が脈々と受け継がれている。文学作品ではそれが実に印象的に表現されている。

井伏に師事した太宰治の『津軽』に、とびきり愉快なおもてなし体験談がある（以下引用は岩波文庫版による）。津軽外ヶ浜《そとがはま》にある大きな町蟹田《かにだ》を訪れた太宰は、小説家好きだという町の紳士から、この町の一番大きな旅館で昼食をご馳走になり、さらに自宅へと招かれた。早く宿に戻ってひと休みしたかった太宰だが、せっかくの招きに渋々従う。そこで受けたのが、「熱狂的な接待」であった。

大好きな小説家を家に招くことができて気が高ぶっている主人は、さっそく奥方に接待のための用意を言いつける。そのとき彼の放ったことばが文庫本で二頁近くにわたって延々と展開される。読む者はそのリズムについ引きこまれ、熱烈なもてなしを画策する主人の毒気にあてられる。おなじ津軽人の太宰は、「この疾風怒濤の如き接待」こそ津軽人の愛情表現なのだと、苦笑を浮かべながら読者に弁解するのがおかしい。

食事中に珍客があらわれようものなら、「私（太宰のこと）はすぐに箸を投げ出し、口をもぐもぐさせながら玄関に出」て、かえって客に顔をしかめられる。「家中のもの一切合切持ち出して饗応しても、ただ、お客に閉口させるだけの結果」となり、あとで詫びを入れる始末。太宰はこんな過剰な愛情表現は関東や関西の人にはない津軽人の特徴だと述べるが、本書でここまで述べてきたことや、『芋粥』『てんやわんや』を見るかぎり、やはり日本人全体が昔から、そして地域の差もなくこうした美徳（と言いたい）を備えていたと言ってもよいのではあるまいか。

ただ気をつけなければならないのは、日本人のおもてなし精神は、時と場合によってはありがた迷惑にもなるということだ。

ここで最後に取りあげたいのは、小説家・大岡昇平のアメリカ・ヨーロッパ紀行『ザルツブルクの小枝』だ（以下引用は中公文庫版による。なお本書の内容は湯川豊『本のなかの旅』で教えられた）。昭和二十八年、ロックフェラー財団から奨学資金を受け、一年間洋行する機会を与えられた大岡は、船で太平洋をサンフランシスコまで渡り、そこから鉄道でニューヨークへ向かった。途中立ち寄ったニューオーリンズでのできごとである。

駅に着いた大岡は、「黒い服を着た五十くらいの白髪の日本の婦人」から名前を呼ばれ驚いた。まったく知らない人だったからだ。ニューオーリンズの在留邦人の夫婦が邦字新聞で大岡の訪米日程を知り、彼のニューオーリンズ到着を待ちかまえていたのだという。

日本を出てから、なるべく日本人に会いたくないという気持ちになっていた大岡にとって、この夫婦の善意は逆に苦痛となった。しかしそんな彼の気持ちを知らない夫婦は、アメリカに来た日本人が何よりのご馳走だと喜ぶおみおつけと漬物を用意して歓待した。大岡は、アメリカの日本人が作る味噌汁には閉口していたというのだから、このすれ違いぶりには苦笑せざるを得ない。

その後客間のテレビでボクシングの試合を（日本人にはめずらしいだろうと）見せられ、彼らが予約してくれたホテルに送られたあとは、夜は物騒なのでくれぐれも出歩かないようにと言い含められたすえ、ようやく解放された。大岡はこの夜のことを「夢多き旅行者と、親切すぎる在留邦人との悲劇的な第一夜」と表現する。

太宰にせよ大岡にせよ、もてなしてくれた相手は、心底彼らを歓待し、相手は喜んでくれるに違いないという気持ちで接しているのである。ところがそのあまりの過剰さは、時として裏目に出る。

『芋粥』の昔から、過剰なおもてなしはわたしたち先祖の得意とするところであった。地域も何も関係ない。しかも、住む場所に関係なくその精神は揺るがない。日本人は根っからのおもてなし好きなのである。

十五

外国人の見た日本のおもてなし

フロイスの観察眼

本書を締めくくるにあたり、日本に滞在した外国人のなかでも随一の記録を残したイエズス会宣教師ルイス・フロイスの観察に拠りながら、これまで述べてきた戦国時代のおもてなしをふりかえり、また、これまで触れられなかったポルトガル人以外の外国人による日本のおもてなしへのまなざしにも注目してみたい。

フロイスの証言はこれまで、日本滞在中のその都度本国に書き送った書簡・報告書や、それらを総合してあらためてまとめられた『日本史』(これまで『フロイス日本史』として紹介)を取りあげてきた。このほか彼の重要な著作として、天正十三年(一五八五)に、滞在中の肥前加《か》津佐《づさ》（現・長崎県南島原市）において『日本史』にさきがけてまとめた小冊子『日欧文化比較』（岡田章雄訳注『ヨーロッパ文化と日本文化』岩波文庫。以下引用および章・項目番号は同文庫版に拠る）がある。

この本はテーマごとに十四の章に分けられ、「われわれ（フロイスの属するヨーロッパ人・文化）は○○だが、日本（人）は○○である」のように、ヨーロッパと日本の異なる習俗などが対比的な短い文章で約六百項目にわたり連ねられたものである。その切り口は犀利《さいり》にして、要を得た短文の連なりも軽快、対比を際立たせたいあまり多少誇張された表現もあるようだが、あらたな発見に満ち、読んでいて飽きない本だ。

さて、おもてなしと深く関わる飲酒・飲食や贈答についての記事は、第二章「女性とその風貌、風習について」・第六章「日本人の食事と飲酒の仕方」・第十四章「前記の章でよくまとめられなかった異風で、特殊な事どもについて」に見える。

女性について述べた第二章の記事というのは、次のような内容である。「ヨーロッパでは女性が葡萄酒を飲むことは礼を失するものと考えられている。日本ではそれはごく普通のことで、祭の時にはしばしば酔払うまで飲む」（第二章54）。

ここでは女性がお酒を飲むことに対する賛否が述べられている。「祭の時」という限定つきではあるが、フロイスは日本の女性が酔っ払うまで飲むことに驚いたのだろう。

総じて日本は飲酒に寛容な社会であった。とりわけフロイスには、日本人が泥酔することに対して、好奇心と嫌悪がないまぜになった感情があったようだ。

「われわれの間では誰も自分の欲する以上に酒を飲まず、人からしつこくすすめられることもない。日本では非常にしつこくすすめ合うので、あるものは嘔吐し、また他のものは酔払う」（第六章31）と、飲酒の強要や泥酔の常態化に触れ、さらに「われわれの間では酒を飲んで前後不覚に陥ることは大きな恥辱であり、不名誉である。日本ではそれを誇りとして語り、『殿Tonoはいかがなされた。』と尋ねると、『酔払ったのだ。』と答える」（同38）のように、泥酔することが誇りであったとすら書いている。第一章の二で触れた公家・中御門宣教《なかみかどのぶのり》のたび重なる「沈酔《ちんすい》」を思い出す。宣教は泥酔も、一夜明けての二日酔いも、誇らしげな気持ちで日記にそう記していたのだろうか。

日本人はいわゆる〝酒の上の過ち〟に寛容であり、ややもすれば犯した罪の言い訳に泥酔をあげてまぬがれようとする人が目につくのは、戦国時代の遺風なのだろうか。もちろんいまでは決して褒められたものではない。

おもてなしの場にともなう物のやりとり（贈答）については、こんな記述がある。

われわれの間では種々の物を贈るのは親愛のしるしである。日本では〔贈物が〕少なければそれだけ礼儀正しい。（第十四章26）

われわれの間では人を訪れる者は何も持って行かないのがふつうである。日本では訪問の時、たいていいつも何か携えて行かなければならない。（同28）

われわれの間では人が贈物として持ってきた物は、その同じ人にこれを勧めることはできない。日本では親愛のしるしとして、贈った人とそれを受けた人とが、すぐにその場で試食しなければならない。（同29）

26と28・29はそれぞれ矛盾しているかのように見えるが、常の行き来のときですら何らかの手土産を持参することを怠らないいっぽうで、そうした場合の過剰さが26では戒められているのだろうか。

注目したいのは29である。ここでは訳注者の岡田氏も指摘するように「お持たせ」について述べられている。来客が携えてきた贈り物をその場で主人と来客が共食するというお持たせの慣習については、第三章の九で触れたところである。そこでは外国にはそうしたふるまいや、お持たせに該当することばはあるのだろうかと疑問を投げかけたが、フロイスのこの記述を見るかぎり、お持たせはヨーロッパにはない日本独特の習俗であり、それはいまなおわが国に息づいているのである。

四百年後の「ニフォン・カタンゲ」

おもてなしの場面におけるふるまい方について、フロイスはこんなふうに書いている。「われわれの間では礼節はおちついた、厳粛な顔でおこなわれる。日本人はいつも間違いなく偽りの微笑でおこなう」(第十四章48)。

この「偽りの微笑」は、かならずしも意地悪な見方というわけではないようだ。別の箇所に「われわれの間では偽りの笑いは不真面目だと考えられている。日本では品格のある高尚なこととされている」(同35)とあるからである。日本における「礼節」の場は、品格のある「偽りの笑い」によって満たされている、とフロイスは鋭く感じ取った。

このように祖国とは正反対の習俗がおこなわれている国にやってきた異国の人びとは、フロイスのような観察眼をもって理解に努め、日本に溶けこもうとした。では、フロイスたちポルトガル人のイエズス会宣教師にやや遅れて、おもに貿易目的で日本を訪れたオランダ人やイギリス人たちはどうだったのだろうか。

イギリス東インド会社の社員として江戸時代初期の慶長十八年（一六一三）に日本に赴任し、肥前平戸《ひらど》（現・長崎県平戸市）に置かれたイギリス平戸商館の初代商館長に任ぜられ日本との貿易に携わったリチャード・コックスは、赴任中のできごとを克明に日記に記している（東京大学史料編纂所編纂『日本関係海外史料　イギリス商館長日記』訳文編、通称『コックス日記』。以下引用は同書による）。

右に紹介してきたようなフロイスの観察に対し、イギリス人コックスは日本のおもてなしについてその日記に何か記しているだろうか、違った見方があるだろうか。そのような関心を持って日記を読んでゆくと、日本人をもてなしたり、もてなしを受けたり、また物を贈ったり贈られている記事は確かにあるものの、習俗の違いについてやそれに対する感想を記した箇所は意外なほど見られない。イギリス人ゆえなのか、コックスの商人としての性格に由来するのか、そのあたりの理由ははっきりしない。

しかしおもてなしの場について記した記事にときおり見られることばが引っかかってきた。たとえばこんな記事である。

トモ（備後鞆《びんごとも》）の我々の定宿の女主人が、長崎へ向う途次、当地を通過して、彼女の息子を私のところに寄越して、ニフォン・カタンゲに酒二樽及びその他のレカード（贈物を意味するスペイン語）を贈物として持参させた。（一六一五年七月二十七日）

右の記事に登場する「ニフォン・カタンゲ」のことばは、たとえば同月三日の記事にも見える。この前日コックスは、キャプテン・スペック（オランダ平戸商館長）以下同商館員たちを午餐《ごさん》に招いた。その礼（「彼等が受けた款待《かんたい》に対し私に礼を言うため」）として翌三日、スペックは使者をコックスに遣わした。これをコックスは「すなわちニフォン・カタンゲ（Nifon catange 日本気質）なのである」と述べている（次頁図版）。

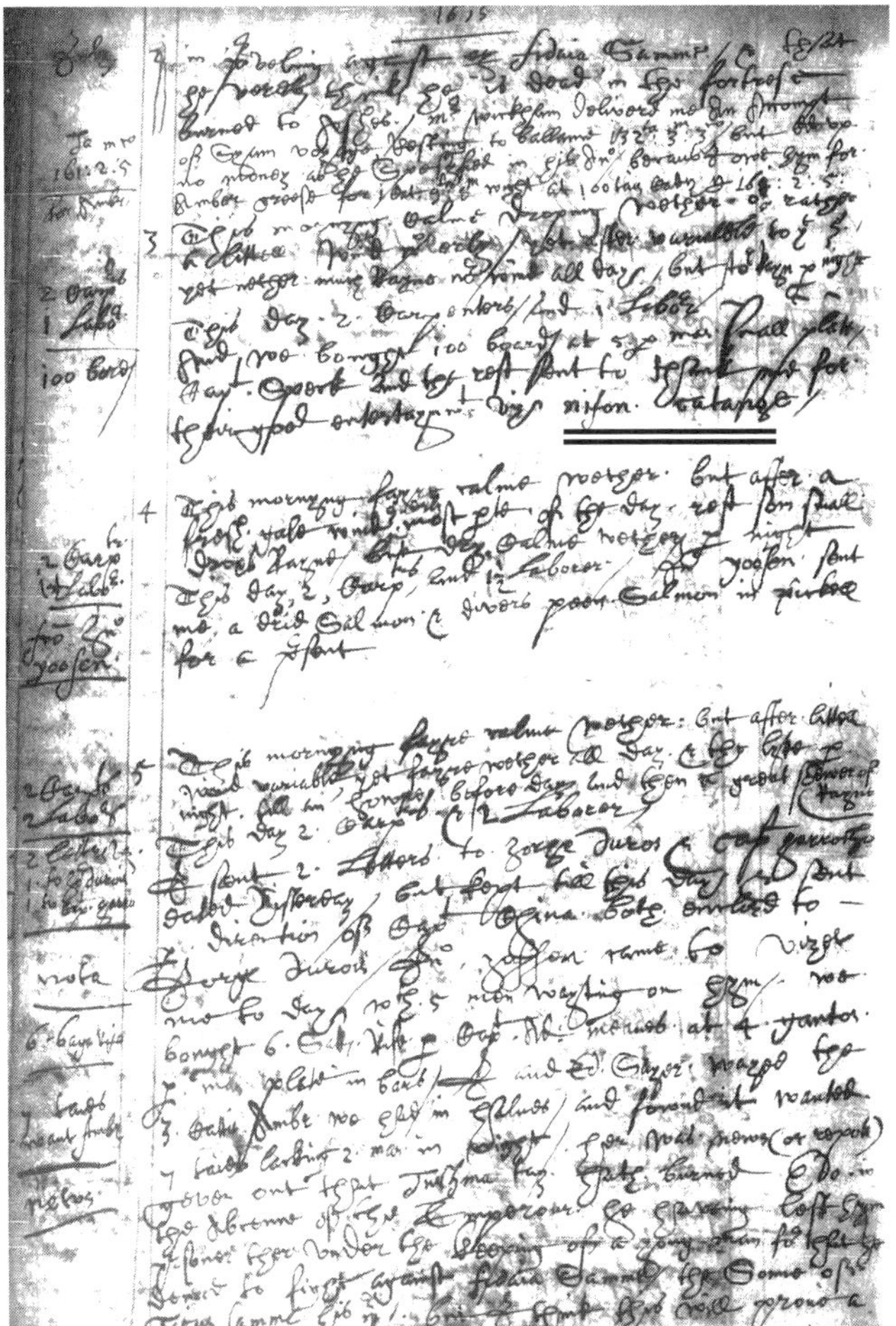

『コックス日記』 1615年7月3日条　大英図書館所蔵　画像提供＝東京大学史料編纂所　コックス自筆の日記。3日の記事の最後（下線部）に「nifon catange」の語が見える。

もうひとつ例を見てみよう。一六一六年八月二十八日、将軍・徳川秀忠に謁見するため、前日江戸に着いたコックスに対し、江戸に滞在中の松浦《まつら》信清（平戸藩主・松浦隆信弟）と、将軍側近・本多正純《まさずみ》から贈物があった。その日の記事には、「平戸の王の弟は酒二樽と豚二頭を私に、また酒一樽と豚一頭をイートン君に届けさせ、またコジスキン殿（本多上野介《こうずけのすけ》正純）は無花果《いちじく》一箱、ウォビ（鮑《あわび》カ）一〇束、真桑瓜《まくわうり》一皿を私に届けさせ、また或る商人は私に葡萄一皿を持参した。私は我々の通詞《つうじ》を遣わして、ニフォン・カタンゲに、彼等総《す》べてに謝意を表わさせた」とある。

ほかいくつかある事例を総合すれば、コックスのニフォン・カタンゲとは、饗応《きょうおう》、挨拶、返礼などにおける日本風の細やかな礼儀の表し方といった意味らしい。〝郷に入っては郷に従う〟とでも言うべきか、自分たちの流儀と異なる日本独特のもてなし方を彼らは「ニフォン・カタンゲ」と名づけ、それが日本流のやり方なのだと、なかば楽しげにそれを実行している。奇しくも現代はコックスが日本で暮らしてからほぼ四百年後にあたる。来たる東京オリンピックのとき、大挙して日本を訪れることになるであろう外国の人びとは、コックスたちのように、日本人のおもてなしにあらたなニフォン・カタンゲを発見してくれるだろうか。

「はじめに」でも触れたが、フロイスは『日欧文化比較』のなかで、「われわれの間では招待を受けたものが招待したものに礼を述べる。日本では招待したものが招待されたものに礼を述べる」（第六章46）と記した。岡田氏はこれを茶席の作法について述べたのではないかとする。こうした来訪者に礼を述べる精神こそが、おもてなしにおける「新ニフォン・カタンゲ」発見の鍵を握っているかもしれない。

おもてなしの時代としての十六世紀

京都を中心とする畿内地域を支配していた室町幕府が衰退のきざしを見せ、逆に各地域では戦国大名たちが独立した権力をふるいはじめ、そのなかから織田信長・豊臣秀吉といった天下人を輩出した十六世紀。

幕府のなかで培われ、儀礼化されることによって、人びとのふるまいを律してきたおもてなしの文化は、故実書という書物にまとめられ、京都でのおもてなしが地方にも広がった。また天下人たちはあらたに身にまとった権力の大きさを、おもてなしを通して表現することにすこぶる長けていた。

そんななかキリスト教の布教をおもな目的としてこの時期に日本にやってきたポルトガルの人びとは、彼らの教理を日本の人びとに受け入れてもらうため、まずは日本人の考え方や日常生活、習俗などを事細かに観察し、理解することに努めた。自分たちの生活とはあまりにかけ離れた日本人の暮らしぶりに驚きつつも、彼らはその様子をこまめに本国へと書き送った。それがいまや戦国時代の日本社会を知るうえでの貴重な文献となっている。

他者をもてなすという行為は、時代・地域・身分階層を問わず存在する普遍的行為であることは言うまでもない。ただ本書で見てきたように、十六世紀ほど、内からは故実書、外からは外国人による報告といった器を借りて、日本におけるおもてなしが克明に記録された時代はほかにないのではあるまいか。そしてそのなかに記録されているわたしたちの先祖のおもてなしのやり方は、様々にかたちを変えながら、確実に現代にも受け継がれている。そういう意味では、日本の戦国時代・十六世紀は〝おもてなしの時代〟であったと、あらためて感じている。

参考文献

芥川龍之介　『芋粥』新潮文庫『羅生門・鼻』、二〇〇五年

天野文雄　『能に憑かれた権力者　秀吉能楽愛好記』講談社選書メチエ、一九九七年

石倉孝祐　「織豊政権期御成故実に関する一考察」『國學院雑誌』八八―五、一九八七年

石毛直道　『食事の文明論』中公新書、一九八二年

磯田道史　『武士の家計簿』新潮新書、二〇〇三年

井伏鱒二　『神屋宗湛の残した日記』講談社文芸文庫、二〇一〇年

井伏鱒二　『鞆ノ津茶会記』講談社文芸文庫、二〇一一年

遠藤哲夫　『汁かけめし快食學』ちくま文庫、二〇〇四年

大岡昇平　『ザルツブルクの小枝』中公文庫、一九七八年

奥野高広編　『増訂織田信長文書の研究』吉川弘文館（第二版）、一九九四年

小野正敏　『戦国城下町の考古学　一乗谷からのメッセージ』講談社選書メチエ、一九九七年

小野正敏・五味文彦・萩原三雄編　『考古学と中世史研究五　宴の中世　場・かわらけ・権力』高志書院、二〇〇八年

金子拓　「宴の記録としての『御成記』と『茶会記』」『宴の中世　場・かわらけ・権力』

金子拓　『織田信長という歴史　「信長記」の彼方へ』勉誠出版、二〇〇九年

金子拓　『記憶の歴史学　史料に見る戦国』講談社選書メチエ、二〇一一年

河内将芳　『戦国時代の京都を歩く』吉川弘文館、二〇一四年

観泉寺史編纂刊行委員会編　『今川氏と観泉寺』吉川弘文館、一九七四年

岐阜市・岐阜市教育委員会　『国史跡　岐阜城跡』二〇一五年

桑田忠親　『宗湛日記　神谷宗湛の茶生活』高桐書院、一九四七年

小林賢次　『中世語彙語史論考』清文堂出版、二〇一五年

佐藤圭　「文献資料にみえる中世の飲食器の使用と所有について」『朝倉氏遺跡資料館紀要』一九八八年

獅子文六　『てんやわんや』新潮文庫、二〇〇〇年

週刊朝日編　『値段の明治大正昭和風俗史（上）』朝日文庫、一九八七年

白井忠功　「京都の島津家久―『中書家久公御上京日記』」『立正大学文学部論叢』一〇八、一九九八年

新城常三　『新稿社寺参詣の社会経済史的研究』塙書房、一九八二年

竹内順一ほか　『秀吉の智略「北野大茶湯」大検証』淡交社、二〇〇九年

竹本千鶴　『織豊期の社会と政治』思文閣出版、二〇〇六年

太宰治　『津軽』岩波文庫、二〇〇四年

土田将雄　『細川幽斎の研究』笠間書院、一九七六年

筒井紘一　『茶の湯事始　初期茶道史論考』講談社学術文庫、一九九二年

鶴崎裕雄　「天正二〇年（文禄元年）の細川幽斎」『熊本県立大学国文研究』五六、二〇一一年

中井淳史　「饗宴文化と土師器」『宴の中世　場・かわらけ・権力』

中井淳史　『日本中世土師器の研究』中央公論美術出版、二〇一一年

永島福太郎　『中世文化人の記録　茶会記の世界』淡交社、一九七二年

野地秀俊　「中世後期京都における参詣の場と人」『新しい歴史学のために』二八二、二〇一三年

芳賀登・石川寛子監修　『全集日本の食文化　第七巻　日本料理の発展』雄山閣出版、一九九八年

播磨良紀　「織豊期の生活文化」池享編『日本の時代史13　天下統一と朝鮮侵略』吉川弘文館、二〇〇三年

藤井譲治編　『織豊期主要人物居所集成』思文閣出版、二〇一一年

星野英紀・浅川泰宏　『四国遍路　さまざまな祈りの世界』吉川弘文館、二〇一一年

二木謙一　『中世武家の作法』吉川弘文館、一九九九年

松下浩　「信長と安土城」堀新編『信長公記を読む』吉川弘文館、二〇〇九年

宮島新一　「洛外名所圖屏風」『國華』一三三二、二〇〇六年

村井祐樹　「東京大学史料編纂所所蔵『中務大輔家久公御上京日記』」『東京大学史料編纂所研究紀要』一六、二〇〇六年

森鷗外　『渋江抽斎』岩波文庫、一九九九年

森正人　『四国遍路　八八ヶ所巡礼の歴史と文化』中公新書、二〇一四年

湯川豊　『本のなかの旅』中公文庫、二〇一六年

あとがき

淡交社から出ている月刊誌『なごみ』の編集部から、「御成記」や「茶会記」といった史料からわかる「おもてなし」のあり方について、短文を書いてほしいという丁寧な依頼のお手紙を受け取ったのは、二〇一五年八月のことである。

時々このような執筆依頼をいただくことはあったけれど、このときは、同封されていた企画書を見て驚いた。一年間の連載とあったからだ。流し読みしていた依頼のお手紙をあわてて最初から読み直した。これまで単発の依頼はあっても、連載の依頼は初めてのことでたじろいだ。日頃史料とむきあって史料集を編んだり、論文を書いたりという地味な仕事をしている身としては、連載という仕事にお呼びがかかることは滅多にあるまい。どんな感じなのだろう。いっぽうでそうした冒険心、好奇心のような気持ちがむくむくと沸いてきた。

依頼文に、わたしの旧稿「宴の記録としての『御成記』と『茶会記』」（小野正敏・五味文彦・萩原三雄編『宴の中世　場・かわらけ・権力』高志書院、二〇〇八年）を読んだとあったのも驚きだった。初めてほかから設定された主題について考え、研究集会で話し、論文にする仕事であったが、かなり苦しんで、できあがった論文も不本意に感じていた。

それが依頼のきっかけだなんてと、狐につままれたような気持ちで旧稿を読みかえしてみたところ、その頃の冷や汗が思い出される反面で、それなりに頑張ってまとめているではないかと、少し若かった頃の自分の仕事を懐かしくおぼえた。この論文に目をつけて下さったことも嬉しく、思い切ってお引き受けすることにしたのである。

連載を引き受けたとき、真っ先に頭に浮かんだのは、探偵小説家・江戸川乱歩である。乱歩は人気作家になるや依頼が殺到し、連載を引き受けるものの、全体の構成をしっかり考える余裕のないまま書きはじめることが多かったため、途中で矛盾が生じてしまい、悩んだすえに荒唐無稽な筋に逃げこんだり、中途で筆を折らざるをえなかったりして、自己嫌悪に陥ってしまう。乱歩作品の愛読者として、そんな〝悩める乱歩〟像が頭の隅にあったのである。

乱歩と自分をならべる、ましてや小説でもないのに、まことにおこがましい話だが、そうなるのが恐ろしかったので、最初にあらかじめ十二回分の主題を立て、そこで何を論じるかをおおよそ決め、メモを作った。その後折に触れ目に入った史料や文献については、どこで取りあげるか、その都度忘れぬうちにメモに追記していった。それでも結局、毎月毎月の締切に追われ、そのたびに焦りながら執筆する羽目になったのだから、用意周到ということばからは程遠い。

連載を引き受けた夏が過ぎ、秋に入ったとある土曜日。次男が通っていた小学校の運動会を見物に出向いた。昼休みになるとグラウンドにシートを広げ、家族で弁当を食べる。仲のいい友達の家族同士、近くに陣取って食事をするのだが、食べ終えてから午後の部が始まるまでには、まだ時間がたっぷりある。

子どもたちは思い思いに集団になり、グラウンドを走りまわりはじめた。親同士もそのままおしゃべりをつづけている。わたしは人見知りで、他人と簡単に打ち解けることができない性格なので、親同士の空間は居心地がよくない。時間をもてあましたので、学校の近くにある古本の量販店で時間をつぶすことにした。そこで見つけたのが、本書でもたびたび言及している宣教師ジョアン・ロドリーゲスの著作『日本教会史』なのであった。

この本は、岩波書店の『大航海時代叢書』という立派な函入りの叢書に入っており、そのような堅い本がこの手の量販店の棚に並んでいることはふつうない。めずらしかったので手に取り、本を開き目次を見て驚いた。このあいだ引き受けた連載で取りあげようと考えていたことがらについて、事細かに書かれていることを知ったからだ。

『日本教会史』は、それまで接する機会がまったくなかったわけではないけれど、その存在をすっかり忘れていた。いずれ構想をまとめるなかで出会ったに違いないが、このような時期にめぐり会ったのは、奇跡と言わずなんと言おう。少し高かったけれども思い切って購入した。そしてグラウンドに戻り、運動会の興奮とは別種の興奮をひとり味わいながら、心ここにあらずという風情で、午後の競技をぼんやり眺めていた。

そんなふうにして入手した『日本教会史』が、本書のなかでどんな活躍をしてくれたのか、あらためて申すまでもないだろう。本書はこんな邂逅の賜物である。

編集部の八木育美さんには、連載の開始から終了まで、さらに単行本化にあたってもお世話になった。本書が読みやすく、親しみやすいと感じられるのなら、それはすべて八木さんのおかげである。また『なごみ』誌の宮﨑博之編集長にもたびたび励ましのお言葉を頂戴した。お二人に深甚なる感謝を申し上げます。たいへんだったけれども、楽しい〝連載体験〟でした。

金子　拓

二〇一七年六月十六日

主要史料名一覧

※数字は章番号、（　）は章内の初出頁数を表す

主要人名一覧

著者略歴

金子 拓（かねこ ひらく）

東京大学史料編纂所准教授。一九六七年、山形県生まれ。東北大学文学部卒業、東北大学大学院文学研究科博士課程修了。博士（文学）。九八年より東京大学史料編纂所助手、二〇一三年より現職。著書に『記憶の歴史学　史料に見る戦国』『織田信長〈天下人〉の実像』『織田信長権力論』『織田信長 不器用すぎた天下人』ほか多数。

装幀　阿部美樹子

戦国おもてなし時代

信長・秀吉の接待術

平成29年10月22日　初版発行

著　者　金子　拓

発行者　納屋嘉人

発行所　株式会社 淡交社

本社　〒603-8588　京都市北区堀川通鞍馬口上ル

営業（075）432-5151

編集（075）432-5161

支社　〒162-0061　東京都新宿区市谷柳町39-1

営業（03）5269-7941

編集（03）5269-1691

www.tankosha.co.jp

印刷・製本　三晃印刷株式会社

ISBN978-4-473-04202-6